汉室王朝

姜若木◎编著

述说历代春秋

中国文史出版社

图书在版编目(CIP)数据

汉室王朝 / 姜若木编著. —北京：中国文史出版社，2018.12

（述说历代春秋）

ISBN 978-7-5205-0762-2

Ⅰ.汉… Ⅱ.姜… Ⅲ.中国历史—汉代 Ⅳ. K234

中国版本图书馆 CIP 数据核字（2018）第 258003 号

责任编辑：殷旭

出版发行：中国文史出版社
网　　址：www.wenshipress.com
社　　址：北京市西城区太平桥大街 23 号　邮编：100811
电　　话：010-66173572　66168268　66192736（发行部）
传　　真：010-66192703
录　　排：张雪
印　　装：廊坊市海涛印刷有限公司
经　　销：全国新华书店
开　　本：16 开
印　　张：14.5　　字数：175 千字
版　　次：2019 年 7 月北京第 1 版
印　　次：2019 年 7 月第 1 次印刷
定　　价：48.00 元（全套 528.00 元）

前　言

在中国璀璨的历史长河中，汉朝就像一颗明珠一样悬挂在历史的天空之中，它的成就和作用举足轻重，虽然它不是中国历史上第一个皇权专制王朝，但它却比第一个开创这种制度的秦朝贡献更加卓著。虽然秦朝是中国皇权专制社会的开篇之朝，但实际上，在皇权专制社会中建设得比较完善，对后世影响深远的各项制度，大多是在汉朝时期完成的。

这个朝代的名字，成了世界上人口最多的民族的名字；这个朝代的名字成了世界上使用人数最多的文字的名字……

汉族就是在汉朝之后才慢慢形成，当时的少数民族以及北部的匈奴称汉朝统治范围内的人民为汉人。汉朝统治区内的人民在以后的历史演变中，慢慢地，成了现在世界范围内人数最多的民族——汉族。在秦朝之前，六国的文字不统一，虽然秦朝时期统一了文字，但却没有给这种文字命名，而汉朝之后，人们慢慢把这种文字称作"汉"字，由此可见汉朝对后世的影响。

汉朝时期，让中国的政治经济达到了空前的繁荣，也将中国的版图进一步开拓，占据了北部的大部分地区，同时将南部少数民族纳入到了中华民族的历史范畴。

汉朝对内大力发展经济，对外还开通了河西走廊这条通道，这使中国的文化第一次通过商品流通，让西方甚至更多的国家和民族了解，也把西方的一些植物和器具带到中国，促进汉朝的发展。张骞出使西域至今依然影响巨大，现在还有很多国家有张骞的塑像。

在汉朝时期，完成了中国历史上第一部相对完整和真实记录历史的书籍——《史记》，也正是由于这本书，让后人对那段历史有了更加详尽的了解。之后各个朝代都采用这种方式，在朝廷中设立专门整理记录历史的官吏，让中华民族几千年的历史有了翔实可靠的记载。东汉时期，还完成了对后来世界的发展都有促进作用的发明创造，也是中国四大发明之一的造纸术。

汉朝是一个对后世影响深远的朝代，从它的崛起，到后来的逐渐衰落，其间经历了中国历史上第一个太平盛世——“文景之治”，还成就了中国历史上最伟大的皇帝之一——汉武帝。虽然之后经历了绿林、赤眉大起义，但在这之后又经历了“光武中兴”，在历史的轨迹上，他们留下了一波三折的印记。汉朝是一个人才辈出的朝代，不但培养出了英武的将军，而且还培养出了很多著名的文人墨客和政治谋臣。

在中国古代历史上，没有哪个朝代能像汉朝那样，至今还对我们的生活有着这么大的影响，它的成就在中国历史上是无法磨灭的。

目　录

目录

匹夫强盛一时，智者称霸千秋。

第一章 楚汉争霸定乾坤

一场长达五年之久的楚汉之争，随着刘邦攻进咸阳，大秦帝国的覆灭拉开了帷幕。回顾历史，我们不难发现，任何一个时期，两个旷世枭雄不可能同时存在，这也就是所谓的“一山不能容二虎”。

一、刘邦进咸阳

刘邦是所有诸侯中攻入咸阳的第一人，这一军事行动的成功，让秦始皇建立起来的强大的王朝，在历史的舞台上仅仅维持了十五年便早早退出，但历史并没有因此而变得平静，另一轮新的征战气息正在悄悄地滋长、蔓延。

1.秦朝的灭亡

秦二世二年(前 208)，沛公刘邦奉楚怀王命令，率领军队西入函谷关(今河南灵宝东北)，试图伐灭秦朝。十月，刘邦率领军队攻下成武，十二月又领兵抵达栗(今河南夏邑)。

第二年，刘邦听从郦食其的计策，避开秦兵的主力部队，首先攻取了交通要道陈留(今河南开封县东南)，缴获了大批军粮。一路上，刘邦势力日益壮大，在西进途中也愈战

刘邦像

愈勇，逐渐发展为一支所向无敌的队伍。

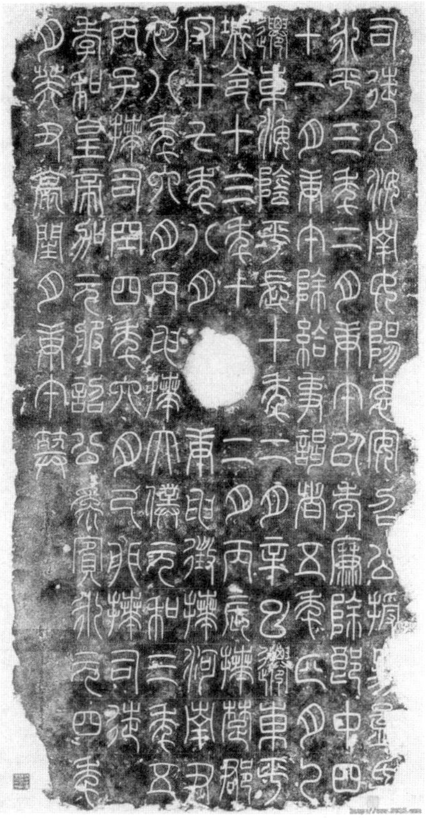

秦汉书法

刘邦带兵绕过饶关(今陕西商县西北)，翻越蒉山，突然袭击蓝田(今陕西蓝田)，大破南北两面的秦军，于是据守饶关的秦军全部瓦解。

公元前206年9月，杀害秦二世的赵高被子婴布局除掉，但秦朝已经是强弩之末，没有力量对抗各地的诸侯。虽然子婴派五万兵马防守饶关，但终究没能阻挡住历史的进程。

刘邦的手下张良献计，派兵在饶关左右的山头插上无数面战旗，佯装为疑兵，用来迷惑秦军。另派将军周勃带领全部人马绕过饶关正面，从东南侧面攻进去，杀死守将，很快便消灭了这支秦军余部。

刘邦的军队进了饶关，到了灞上(今陕西西安市东)。秦王子婴见大势已去，马上乘坐车马，带着秦朝的大臣前来投降，据史书记载，子婴脖子上套着带子(表示请罪)，手里拿着秦朝的玉玺、兵符和节杖，哈腰弓背地在路旁等候。

这时，刘邦手下的将军主张把子婴杀了，但是刘邦说：“楚怀王特地派我攻打咸阳，就是因为相信我能待人宽厚，再说，人家已经投降了，再杀他不好。”说完，他便收起玉玺，把子婴交由将士们看管。

这样，由战国时期曾经盛极一时的秦国所发展而来的大秦帝国，在中国五千年的漫漫历史长河中如昙花一现，只存在了短短的十五年时间（前221—前206），就在农民起义的浪潮中灭亡了。

2.不被富贵迷惑的刘邦

秦朝末年，各地诸侯互相争夺天下，纷纷率军进攻咸阳，其中要数刘邦和项羽实力最为强盛，他们各自都想称王，楚怀王与各诸侯约定“率先进入关中并且平定关中者就可以称王”。项羽与秦军主力遭遇，一路拼杀，而刘邦则是运用计谋，避开了秦军主力，第一个进入关中。进入咸阳后，将士们本来以为可以好好享受一番，包括刘邦，心中也有此意，认为将士有功，应该让他们在城中放纵几天，但这个时候，谋臣中有不同的意见。

进入咸阳以后，将士们纷纷争着去找皇宫的仓库，拣一些值钱的金银财宝拿走，场面异常混乱。只有萧何不稀罕这些东西，

荆轲刺秦王（汉代画像石）

他先跑到秦朝的丞相府，把有关户口、地图等文书档案收了起来，保管好。刘邦在将士的陪同下，来到了豪华的阿房宫。这还是他第一次看见如此富丽堂皇的宫殿，所有摆设绚丽得叫人睁不开眼睛，还有许许多多美丽的宫女。他在宫里待了一会儿，就像做梦一样，让他兴奋和陶醉。

铜奔马

就在这时候，他的部将樊哙闯了进来，说："沛公还要不要打天下了？要知道，就是这些奢侈华丽的东西才使秦朝灭亡的，您还要这些干吗呢？还是赶快回到军营里去吧!"

刘邦此时哪能听进去他的话，说："让我歇歇吧。"

这时恰巧张良也进来了，听到樊哙的话，对刘邦说："俗话说：忠言逆耳利于行，良药苦口利于病。樊哙的话说得很对呀，希望您听从他的劝告。"

刘邦一向对张良非常信任，听了他的话，马上醒悟过来，吩咐将士封了宫殿，带着将士回到灞上。

3. 约法三章

刘邦是攻入咸阳第一人，这不仅仅是一个历史的偶然。他一贯严于律己的作风，使得他在关键时候能及时颁布相应的法规约束自己的部下，这也是其成功的重要原因之一。

刘邦召集了咸阳附近各县的乡亲父老，对他们说：“你们被秦朝的残酷法令害苦了。今天，我跟诸位父老约定三条法令：第一，杀人的偿命；第二，打伤人的办罪；第三，偷盗的办罪。除了这三条，其他秦国的法律、禁令，一律废除。老百姓可以安居乐业，不必惊慌。”

约法三章

刘邦还叫各县父老和原来秦国的官吏到咸阳附近的各县去宣布这三条法令。

老百姓听了刘邦的约法三章，就像被解除了枷锁一样，喜悦的心情一时难以用语言表达。大伙儿争先恐后地从家里拿出牛肉、羊肉、酒和粮食等来慰劳刘邦的将士，刘邦好言好语地劝他们把这些东西拿回去，他说：“粮仓里有军粮，你们大可不必费心了。”

从那时候起，刘邦的军队在关中老百姓心中留下了相当好的印象，人们也都巴望着刘邦能够留在关中做王。

刘邦的这一举措深深地得到了老百姓的信任，在这方面，他比后来到咸阳的项羽做的更得民心，这也为他在楚汉战争中的胜利奠定了群众基础。自古以来都是得民心者得天下，从刘邦此举中可以看出他深谙此道。

二、大摆鸿门宴

刘邦进入关中以后，一方面约法三章，稳定人心，另一方面把守军驻扎在灞上，以便观察下一步的局势，因为就当时的实力而言，他和项羽相差太远。

1. 一场随时可能爆发的战争

项羽在巨鹿大战中打败章邯，接受章邯的投降以后，就听说刘邦已经攻下了咸阳，这可把他气炸了。他觉得自己功劳比刘邦大，本领比刘邦强，本该先进咸阳，当关中之王。于是他赶快率领大队人马直奔函谷关，瞧见关上有兵守着，不肯放行。守关的将士说：“我们是奉沛公的命令，不论哪一路军队，都不准进关。”

项羽这一气非同小可，就命令将士猛攻函谷关。刘邦兵力少，没有多大工夫，项羽就打进了关。大军接着往前走，很快就打到了新丰鸿门，离刘邦所在的灞上只有四十里路了。

当时项羽的军队拥有四十万人，驻扎在鸿门，而刘邦只有十万人，驻扎在灞上，项羽想要消灭刘邦简直易如反掌。被项羽尊称为“亚父”的军师范增建议说：“刘邦在东边家乡的时候又贪财又贪色，可自打进关以后，财物和美女就都不要了，我看他的野心不小，恐怕想要跟大王争夺天下啊，您不如趁早下手，除了他算了，免得养虎为患，将来后患无穷啊。”项羽正在考虑，还没有做出决定，刘邦手下的左司马曹无伤看项羽大兵压境，想投靠项羽，就偷偷派人来给项羽送信说：“刘邦想要在关中做王，他准备拜秦王子婴做相国，把秦朝宫里的一切珍宝都占为己有。”项羽一听，顿时火冒三丈，决定第二天一大早就派兵去攻打灞上，消灭刘邦。

2. 一个改变局面的敌我友谊

众所周知，项羽是个说一不二的汉子，说明天开战，就一定会打。然而项羽的决定，惊动了他的另一个叔父项伯。项伯和刘邦手下的张良是多年好友，他生怕万一明天一旦打起仗来会伤害到张良，于是就连夜赶到刘邦军营里去通知张良，叫张良赶快逃走。张良说：“我是特地送沛公进关来的，现在他有危险，我若只顾自己逃走，太不讲义气了，无论如何我也必须去向他告别一下。”

刘邦听了大吃一惊，赶紧与张良商量对策。张良与刘邦分析了双方的力量，认为不能硬拼，只能保存实力。刘邦又得知张良曾救过项伯，项伯才免一死，这次项伯是以恩相报。于是刘邦请张良陪同，会见了项伯，再三解释自己并没有反对项羽的意思，更没有称王的野心。会见时刘邦还与项伯联了亲。

这个建议对处于劣势中的刘邦保存实力，防止被强大的项羽突然袭击一举吞没有着重大意义。作为谋略家的张良能够知己知彼，审时度势，并在危机中筹划有方，层次井然，的确非常人可比。

项伯是项羽的叔父，也是项氏集团中的核心人物。在刘邦、张良的极力拉拢下，他果然答应劝阻项羽，并提议让刘邦面谢楚王。

项伯回营后，面陈项羽，对他百般疏通，极力主张应善待沛公，使原已剑拔弩张的局势有所缓解。

3．项庄舞剑，意在沛公

第二天一早，刘邦在项伯的安排下，带着张良、樊哙等一百多个随从，亲自到鸿门拜见项羽。刘邦拜见项羽，谦恭地说："我本来是和将军同心协力攻打秦国，将军在河北，我在河南，我也没料到自己能够先入关中。今天能在这儿和将军相见，真令人高兴啊。现在有人说我的坏话挑唆我们的关系，使您生了气，才使您对我产生了误会……"

项羽见刘邦这样低声下气地对他说话，原来满肚子的怒气也顿时烟消云散了。他也恭恭敬敬地对刘邦说："这都是你们的左司马曹无伤说的。要不然，我也不会这样做……"

席间，范增一再给项羽使眼色，并举起他身上佩带的玉玦，示意项羽下决心，趁机杀掉刘邦。可是，项羽只当没看见，仍旧只顾喝酒谈话。

范增看项羽不忍下手杀刘邦，找个借口出去叫来项羽的堂兄弟项庄。他对项庄说："咱们大王待人不够狠心，你进去到席前给刘邦敬酒，敬完酒，就请求舞剑以助兴，趁机将他杀掉。否则，留下刘邦性命，我们这些人迟早都要成为人家的俘虏!"

项庄便进去敬酒。敬完酒以后，他说："大王跟沛公饮酒，军营中没有什么可以助兴，请让我舞剑以助酒兴。"项羽说："好啊。"说时迟，那时快，话音未落，项庄就拔剑舞起来。舞着舞着，就慢慢舞到刘邦面前。

项伯看出项庄舞剑的用意是要杀刘邦，于是他说：“咱们两人对舞吧。”说着，也拔剑舞了起来，他总是用身体遮掩着沛公，就像大鸟的翅膀一样，项庄始终也没有机会刺杀沛公。

4．樊哙怒闯鸿门宴

张良见当时形势紧急，悄悄地离开了酒席，走到营门外。樊哙问出了什么事，张良简单地描述了一下形势，樊哙急得一下子跳了起来，一边说：“那就让我进去，与沛公死在一起好了。”

说着，樊哙一手提着剑，一手持着盾牌，直闯军门大营。

大营口的卫士，交叉举着戟，非常森严，令人胆寒。他们阻止樊哙进去。只见樊哙持着他的盾牌，用力一撞，卫士跌倒在地上。樊哙用力揭开帷幕闯了进去，他朝西站着，眼睛瞪得大大的，怒气冲冲地望着项羽，连眼角都要裂开了，头发都怒气冲冲地竖了起来。

樊哙像

项羽一见有人闯入，下

意识地按着剑，忙问："来者何人?到这儿干什么来了?"

张良随后也跟着进来，替他回答："他是沛公的侍卫，叫樊哙。"

项羽说："好一个壮士!"接着，吩咐左右赏他一杯酒，一只猪腿。樊哙叩头致谢，他一边喝酒，一边愤愤不平地说道："当初，楚怀王与将士们约定，谁先进关，谁就为王。现在沛公先进了关，可并没做王。他封了库房，关了宫室，派重兵天天把守，就是等将军归来。沛公如此劳苦功高，将军不但没有给他赏赐，反倒还想杀他，这是走秦朝的老路啊。"樊哙站着把酒一饮而尽，然后用剑在盾牌上切着猪腿吃。

项羽看了，称赞道："真是位壮士!能再喝吗?"樊哙粗声壮气地说："我死尚且不怕，一杯酒难道还推辞吗？秦王有虎狼一样的毒心，杀人唯恐不能杀尽，施酷刑唯恐不能用尽，就因为这样，所以天下人就都反对他。如今，您听信小人谗言，要杀有功劳的人，我认为大王不该这样做啊!"

项羽面对樊哙的这一顿责备，一时不知道该如何回答才好，只好说："请坐，请坐。"樊哙一屁股坐在张良旁边，一只手紧紧地按住宝剑。项伯看到形势已缓和，便回到了自己的座位上。项庄见状，知道已没法再下手，只好收起宝剑，站在项羽身边。

5. 拖延时间，巧走灞上

刘邦见到这种情形，才镇定了下来，又喝几杯后，他假装要上厕所，就出了帐篷。张良和樊哙也跟着出去了。躲过一劫的刘邦，意识到不能继续留在此地，否则有性命危险，于是就想要溜回灞上，又怕没有向项羽告辞，失了礼数。樊哙说："干大事业的人，不必拘泥于这种小节，如今他们的刀尖对着咱们，还用得着跟他们讲什么礼数吗?”说着，他便把车子推了过来，催刘邦马上离开。刘邦只得把张良留了下来，叫他去向项羽表示谢意。张良问：“大王带来了什么礼物没有?”刘邦说：“我带来白璧一双，是献给项王的；玉杯两只，是送给亚父的。刚才项王发脾气，我没有敢献上去，你就代我呈上吧!”刘邦又怕项羽派兵来，决定把车子留在鸿门，他自己骑上一匹马，樊哙、夏侯婴、靳疆、纪信四个人各拿宝剑和盾牌，跟随他步行抄小路从骊山脚下赶回灞上。因为这条小路只有二十里，比走大路要近一半。刘邦还再三叮嘱张良，估计等他们回到灞上的时候再进去向项羽告辞。

刘邦等人一溜小跑回到灞上，进入军营后的第一件事就是把曹无伤抓来处死了。

张良像

张良在外边等了好一阵子，估计刘邦他们已经到达灞上军营，就进去对项羽说：“沛公的酒量小，已经喝醉了，不能亲自来向大王辞行。他临走时交给我白璧一双，吩咐我敬献给大王；玉杯两只，吩咐我送给亚父。”项羽说：“沛公现在何处?”张良说：“沛公听说大王有意要找他的差错，不敢在此久留，已经早走一步，估计现在已经回到灞上军营了。”项羽听说刘邦已经走了，就收下白璧，放在案上。范增气鼓鼓地接过玉杯，扔在地上，用宝剑把它给劈了。说："唉！真是没用的小子，没法替他出主意。将来夺取天下的，一定是刘邦，我们等着做俘虏就是了。"

这就是历史上著名的"鸿门宴"，刘邦顺利逃回灞上，虽然之后两个方面的形势暂时有所缓解，但项羽的"仁慈"和对局势错误的判断为自己进一步夺取天下设置了障碍，预示着以后的悲惨下场。

三、楚汉争霸

经过“鸿门宴”之后，项羽进入咸阳，烧杀抢掠，样样都干，暴君的猖狂也彻底暴露，还一怒之下烧毁了阿房宫，据说大火持续了将近三个月。随后刘邦被项羽封为汉王，因为实力悬殊，刘邦被迫放弃了在关中称王的机会，接受项羽分配的地方。刘邦离开咸阳，去巴蜀和汉中地区，但心里却非常的窝火。于是在谋臣们的建议下，他决心养精蓄锐，以待时机，好和项羽再一决高低。

1．明修栈道，暗度陈仓

此时，一直在项羽手下不得势的韩信前来投奔刘邦，关于韩信还有一个著名的典故叫“萧何月下追韩信”，具体内容会在后文中提到。韩信是个用兵如神的大将，有了他，刘邦就会如虎添翼，从而更加积极地投入到出蜀的事情上。为了能更好地走出这关键的第一步，他虚心听从了韩信的建议，并演出了一幕“明修栈道，暗度陈仓”的好戏。

在刘邦入蜀之初，为了表明自己没有出蜀之意，就故意把入蜀的栈道烧毁，目的是告诉项羽，自己守汉中就已经很满足了，不会有什么非分之想，不会进攻关中。而项羽果然被麻痹，放心回到了楚国。这样一来，从关中到南郑就几乎无路可走了，而当年韩信投奔刘邦时，其实已经发现一条可以绕道陈仓到达巴蜀和汉中地区的偏僻路径。于是就有了名留千古的军事谋略——明修栈道，暗度陈仓。

公元前 206 年 8 月，在韩信的精心训练下，刘邦的将士变得更加英勇善战，加上汉军将士大多来自汉中，思念故土的感情也日益深重，刘邦看各方面的条件都已具备，便决定挥师东进。韩信凭着自己进入蜀汉时的经验，决定借道陈仓出兵，而且他估计，由于陈仓道路崎岖艰难，所以很少有人敢冒险走此道，驻守在那里的雍王章邯也基本没有什么防备，是相当便于攻打的。

韩信像

经过周密的思考和理论上的论证后，刘邦认为韩信提出的借道陈仓的路线具备可行性，韩信为刘邦策划的“明修栈道，暗度陈仓”的战术就正式进入具体实施阶段了。随后，汉王刘邦命韩信率领大军悄悄地离开南郑，只留下丞相萧何镇守，负责收税征粮，供应军饷以保证后方的供给。

所谓“明修栈道”，就是韩信命令樊哙、周勃等少数人马去修复原先可以进入蜀汉的栈道，限期三个月完工，让项羽和他的谋臣们以为刘邦要等栈道修复好了才出巴蜀和汉中，而实际上此时汉军已在奔赴陈仓的路途中了。

当刘邦拜了韩信为大将军后，便开始风风火火地修复起被烧毁的栈道，以表明汉军将从栈道进攻三秦地区。刘邦准备兴兵东征的消息传到雍王章邯的耳中，防守关中的章邯自然开始高度警惕。他一方面派人打听栈道的修复进展情况，一方面调集重兵，堵住了栈道东边的出口，以防刘邦修复好栈道后从自己的领地通过。章邯把所有的注意力，都放在修复栈道的方面，严守出口，将栈道路口堵得严严实实。

可章邯没有料到韩信采取了声东击西的战术，突袭了陈仓，打了他一个措手不及。此时章邯正在和众人饮酒取乐，得到韩信突袭陈仓的消息大为吃惊。按说雍王章邯也是一名善于用兵的老将，可面对这样的突发事件也不免惊慌失措，乱了阵脚。章邯连忙调集兵将，赶赴陈仓迎击汉军。可这时章邯的兵力已经抵挡不住久居蜀汉、归心似箭的汉军，其结果当然是汉军冲出陈仓，胜利地实现了韩信“明修栈道，暗度陈仓”的声东击西的计划。章邯兵败，随后在废丘自杀身亡。

随着雍王章邯的覆灭，韩信大举进攻，夺下了塞王司马欣、翟王董翳两人的城池，这两个王也先后投降。这样，刘邦很快平定了三秦地区，继而占领了整个关中地区。从此，关中也就成了刘邦打败项羽，统一天下的基地。

公元前 205 年，刘邦和项羽两支军队进入了相持阶段。刘邦扼守在成皋，拖住了项羽，他让韩信率领大军渡过黄河，开辟河北战场，从而完成了对项羽的战略包围。韩信接受了这个任务后，挥师渡河，用了两年半的时间，横扫河北，灭了齐国，屡战屡胜，立下了辉煌的战功。

2. 头尾不能兼顾的楚霸王项羽

项羽有“战神”之称，打仗勇猛自然不用多讲，但再厉害的角色，也没有分身之术，当战线距离过长时，很难做到头尾兼顾。

公元前 206 年 8 月，汉王和韩信率领汉军攻打关中。关中的百姓对“约法三章”的汉王本来就有好感，汉军一到，大多不愿抵抗。不到三个月工夫，汉王消灭了原来秦国降将章邯等的兵力，关中地区就成了汉王的地盘。

这一来，可把西楚霸王项羽气坏了。项羽打算发兵往西打刘邦，可是东边也出了事，齐国的田荣轰走了项羽所封的齐王，自立为王，情况比西边更严重。项羽只好先去对付齐国。

汉王刘邦趁项羽和齐国相持不下的时候，一直向东打过来，攻下了西楚霸王的都城彭城。项羽又不得不扔了齐国那一头，赶回来在濉水上跟汉军打了一仗。

就这样，项羽两边跑来跑去，一边对付在河北的韩信，一边还要来和刘邦争夺城池。

公元前 203 年，项羽自己去攻打彭越，把手下将军曹咎留下来守住成皋，再三嘱咐他千万不要跟汉军交战。

汉王见项羽一走，就向曹咎挑战。一开始，曹咎说什么也不出来交战。汉王就叫兵士每天隔着汜水(流经荥阳西)朝着楚营辱骂。

一连骂了几天，曹咎实在沉不住气了，就决定渡过汜水，和汉军拼死一战。

楚军兵多船少，只好分批渡河。汉军趁楚兵刚渡过一半的时候，把楚军的前军打败，后军乱了阵，自相践踏。曹咎觉得没有脸再见项羽，在汜水边自杀了。

项羽在东边正打了胜仗，一听成皋失守，又赶到了西边对付汉王。在广武(今河南荥阳县东北)地方，楚汉两军又对峙起来。

日子一久，楚军的粮食接应不上。项羽没法子，就把汉王的父亲绑了起来，放在宰猪的案板上，派人大声吆喝："刘邦再不投降，我就把你父亲宰了。"

汉王刘邦知道这个时候必须镇定，不然真有可能给自己父亲带来杀身之祸，他也大声回答说："我跟你曾经结为兄弟，我的父亲也就是你的父亲。你要是把咱父亲杀了煮成肉羹，请分给我一碗尝尝。"

项羽恨得咬牙切齿，真的想把太公杀了，但是项伯劝住了他。

项羽派使者跟汉王说："现在天下闹得乱纷纷的，无非是你我两个人相持不下，不如我们单独比试一下，早点结束这场战争吧！"

汉王要使者回话说："我可以跟你斗智，不跟你比力气。"

项羽又叫汉王出来，在阵前对话。汉王当面数落项羽的十大罪状，说他不讲信义，杀害义帝，屠杀百姓等等。项羽听得发火了，用戟向前一指，后面的弓箭手一齐放起箭来。汉王赶快回马，胸口已经中了一箭，受了重伤。

他忍住疼痛，故意弓着腰摸摸脚，骂着说："贼人射中了我的脚趾。"

左右把汉王扶进了营帐。汉军听说汉王受伤，都着了慌。张良恐怕军心动摇，劝汉王勉强起来，到各军营巡视了一遍，大家才安定下来。

3. 划定楚河汉界

项羽听说汉王没有死，大失所望。接着韩信在齐地大败楚军，楚军的运粮道又被彭越截断，粮草越来越少。

汉王趁项羽正在为难的时候，派人跟项羽讲和，要求把太公、吕后放回来，并且指定楚汉双方以鸿沟(在荥阳东南)为界，鸿沟东归楚，鸿沟西归汉。

项羽这时粮草不济，士兵疲惫不堪，认为这样划定“楚河汉界”还不错，就同意了，放了太公、吕后，接着把自己的兵马带回彭城。

项羽像

其实，汉王这次讲和，只是一个缓兵之计。等到被押在楚营的人质回到汉营后，汉王用了张良、陈平的计策，不出两个月，组织了韩信、彭越、英布三路人马一齐会合，由韩信统领，追击项羽。楚、汉双方最后一场决战就开始了。

4. 十面埋伏与四面楚歌

公元前202年，项羽以为划定“楚河汉界”就天下太平了，带领兵马从容前往自己的驻地，但韩信却在途中布下十面埋伏，把项羽围困在垓下(今安徽灵璧县东南)。项羽的人马本来就少，粮食也快用完了。他想带领一支人马杀出去，但是汉军和诸侯的人马把楚军包围得重重叠叠。项羽打退一批，又来一批，杀出一层，还有一层。这儿还没杀出去，汉军就又围了上来。项羽没法突围，只好回到垓下大营，吩咐将士小心防守，准备瞅个机会再次突围。

有天夜里，项羽进入营帐，愁眉不展。他身边有个宠爱的美人名叫虞姬，看见他闷闷不乐，陪伴他喝酒解闷。

到了定更的时候，只听得阵阵西风吹得呼呼直响，风声里还夹着唱歌的声音。项羽仔细一听，歌声是由汉营里传出来的，唱的净是楚人的歌，唱的人还真不少。

歌声越来越大，项羽不觉愣住了。他失神地说："完了！难道刘邦已经打下西楚了吗？怎么汉营里有这么多的楚人呢？"

项羽再也忍不住了，随口唱起一曲悲壮的歌：

力拔山兮气盖世，时不利兮骓不逝。
骓不逝兮可奈何，虞兮虞兮奈若何？

这首歌的意思是力气拔得一座山，气势能压倒天下好汉，时运不利，乌骓马不肯跑，马儿不肯跑有什么办法？虞姬呀虞姬，我拿你怎么办？

项羽一连唱了几遍，虞姬也跟着唱起来，霸王唱着唱着，禁不住流下了眼泪，旁边的随从也都伤心得抬不起头。

虞姬在旁边听项羽唱，不禁也是悲恸欲绝，于是和道：

汉兵已略地，四面楚歌声。
大王意气尽，贱妾何聊生！

虞姬唱罢，竟然拔剑自刎了。项羽痛不欲生，埋葬了虞姬。

5. 霸王乌江自刎

当夜，项羽跨上乌骓马，带了八百子弟兵冲过汉营，马不停蹄地往前跑去。到了天蒙蒙亮，汉军才发现项羽已经突围，连忙派了骑兵紧紧追赶。项羽一路奔跑，等到他渡过淮河，跟着他的只剩下一百多人了。又跑了一程，迷了路。

项羽来到一个三岔路口，瞧见一个庄稼人，就问他哪条道可以到彭城。那个庄稼人知道他是霸王，不愿给他指路，哄骗他说："往左边走。"

项羽和一百多个人往左跑下去，越跑越不对头，跑到最后，只见前面是一片沼泽地带，连路都没有了。项羽这才知道是受了骗，赶快拉转马头，再绕出这片沼泽地时，汉兵已经追上来了。

项羽又往东南跑，一路上，随从的兵士死的死，伤的伤。到

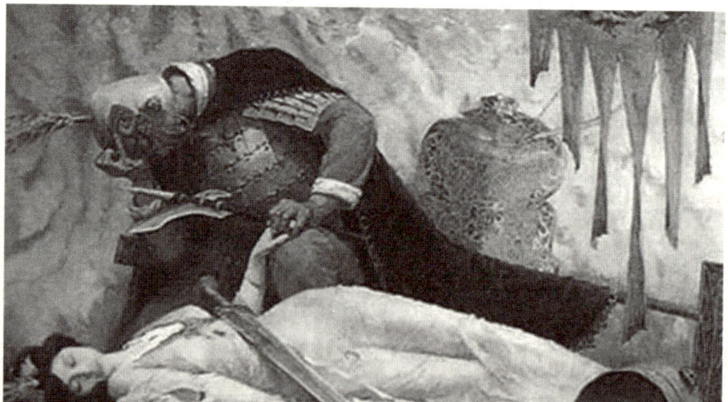

项羽与虞姬

了东城(今安徽定远县东南)，再点点人数，只有二十八个骑兵。但是汉军的几千名追兵却密密麻麻地围了上来。

项羽料想没法脱身，但是他仍旧不肯服输，对跟随他的兵士们说："我起兵到现在已经八年，经历过七十多次战斗，从来没打过一次败仗，才当上天下霸王。今天在这里被围，这是天叫我灭亡，并不是我打不过他们啊!"

他把仅有的二十八人分为四队，对他们说："看我先斩他们一员大将，你们可以分四路跑开去，大家在东山下集合。"说着，他猛喝一声，向汉军冲过去。汉兵抵挡不住，纷纷散开，当场被项羽杀死了一名汉将。

项羽到了东山下，那四队人马也到齐了。项羽又把他们分成三队，分三处把守。汉军也分兵三路，把楚军围住。项羽来往冲杀，又杀了汉军一名都尉和几百名兵士。最后，他又把三处人马会合在一起，点了一下人数，二十八名骑兵只损失了两名。

项羽杀出汉兵的包围，带着二十六个人直往南跑去，到了乌江(今安徽和县东北)。恰巧乌江的亭长有一条小船停在岸边。亭长劝项羽马上渡江，说："江东虽然小，可还有一千多里土地，几十万人口。大王过了江，还可以在那边称王。"

项羽苦笑了一下说："我在会稽郡起兵后，带了八千子弟渡江。到今天他们没有一个能回去，只有我一个人回到江东。即使江东父老同情我，立我为王，我还有什么脸再见他们呢。"

他把乌骓马送给了亭长，也叫兵士们都下马。他和二十六个兵士都拿着短刀，跟追上来的汉兵肉搏起来。他们杀了几百名汉兵，楚兵也一个个倒下。项羽受了十几处创伤，最后在乌江边拔剑自刎，年仅三十一岁。

南宋时期著名的女词人李清照曾经作诗："生当作人杰，死亦为鬼雄。至今思项羽，不肯过江东。”

点 评

秦末的农民起义是由陈胜、吴广掀起，但他们却最终没有获得天下；而后的项羽是所有起义军中实力最强，曾经称霸一方的霸主，但最终也没有获得天下，项羽号称攻无不克，战无不胜的“战神”，单打独斗，刘邦绝对不是对手，而刘邦最终却得到了天下，并建立了在中国历史上一个具有划时代意义的王朝，这其中的玄机不得不令我们深思！

据刘邦自己讲，他之所以能战胜项羽，靠的是智谋，说得更明白一点就是他会用人。项羽的勇是匹夫之勇，在争夺天下上只能得利于一时，而不能得势于千秋。刘邦曾说：“运筹帷幄之中，决胜千里之外，我不如子房(张良)；镇守国家，安抚百姓，我不如萧何；率兵打仗，战必胜、攻必取，我不如韩信，这三位都是杰出的人才，能够为我所重用，所以我能得到天下。而项羽嫉贤妒能，身边只有一个范增，而且还不能得到重用，所以失败。”

刘邦不但在楚汉之争中有贤能相辅，从而使自己的力量日益强大，最终打败了项羽，建立了汉朝。而且在汉朝建立后，他依然能够从秦亡的教训中总结经验，知道暴政对百姓生活的影响和国家基业的损害，从而采取休养生息的政策，实施有利于经济发展的政策，重新恢复巩固了统一的中央集权的封建国家。

而反观项羽，其实在楚汉之争初期，他占有绝对优势，且自身具有很强的政治军事素养。可惜项羽肚量太小，不能重用人才，导致原本依附他的强兵强将到后期都纷纷投靠刘邦。而且项羽善于妒忌，实非帝王之才。历史不容假设，刘邦得天下，项羽失天下，归根结底，是历史的必然。

项羽是一个英雄，但他只属于自己，刘邦同样也是一个英雄，而他却属于那个时代。项羽虽然最后失败，但丝毫不会影响他那光辉灿烂的形象，他的男子汉气概至今仍为人们津津乐道。

相关链接

霸王项羽小传

项羽(前 232—前 202)，名籍，字羽。秦末农民起义军领袖。原楚国人，出生于名将世家，精通兵法，武艺高强。因祖父项燕为秦所杀，而立下反秦之志。他自小跟随叔父项梁长大成人。项家祖辈都是楚国大将，因封在项城（今河南省）而姓项。项羽的祖父项燕在率兵保卫楚国的战斗中，被秦将王翦所杀。

项羽少年时对读书、学剑不大感兴趣，项梁为此很是恼火。项羽却说："书足以记姓名而已，剑一人敌不足学，愿学万人敌。"于是项梁就教他学习兵法。项羽十分高兴，但学得略知一点大意，却又不肯学完它，总是半途而废。

后来项梁因为杀人一案，带着项羽避难吴中，遂和吴中人士结交起来。秦二世元年(前 209)，陈胜起义后，从叔父项梁在吴(今江苏苏州)杀会稽郡守，起兵响应，项羽和项梁的队伍逐渐壮大到千号，号称子弟兵。次年立楚怀王孙熊心为楚王，沿用怀王称号。后项梁在定陶(今山东定陶西北)战败身亡。

陈胜、吴广揭竿起义反秦虽然相继失败，但农民起义的烈火却因此越烧越旺。项羽和项梁迅速带兵渡江北上，沿途不断招纳义军，队伍逐渐壮大到六七万人。抵达江苏北部时和秦军相遇，打败秦军的先头部队，遂在山东南部驻扎下来。

项羽和项梁召集各路将领在薛县开会，共同商议伐秦大事，刘邦也前来参加。他们经过深思熟虑后，慎重采纳了谋士范增的意见，决定立楚怀王的孙子熊心为楚王，封项羽为鲁公，刘邦为沛公。义军在山东的西南部作战时，打赢了好几场战役，项梁被这接连的胜利冲昏了头脑，不久便遭秦王朝主力章邯部偷袭战死。此后项羽退兵彭城（今徐州）西部并驻扎下来。这时章邯率领三十万大军攻打赵歇的义军，将赵军的巨鹿城团团围住。赵歇多次派人求救，楚怀王得知后，立即委任宋义为上将，项羽为次将，范增为末将，带领二十万大军前去营救赵歇。

行至安阳（今河南安阳市西南），宋义令大军安营扎寨，停步不前，一共待了四十六天不发兵，项羽再三催促仍按兵不动。项羽于是杀了宋义，他命自己为上将军，带领全军渡过黄河，破釜沉舟，表示只有前进，绝不后退，狠下决心打败秦军。在巨鹿大破秦军，杀秦将苏角，生擒王离。旋又迫降章邯所部二十万人，被推为诸侯七将军。

此后项羽继刘邦进入咸阳，杀秦降王子婴，尊楚怀王为义帝，自立为西楚霸王，建都城在彭城(今江苏徐州)，并分封十八诸侯王。

在楚汉战争中，项羽屡次击败刘邦。后因刘邦后方稳固，并会合韩信、彭越等人，兵势日盛。最后，他惜败垓下(今安徽灵璧县东南)，突围至乌江(今安徽和县东北)，自刎而死。

萧何小传

萧何(?—前193)，沛县(今江苏沛县)人。西汉时期的著名丞相，跟随高帝起事，后又在惠帝年间辅助汉朝。秦朝时期，萧何为沛县的一名小官吏，后为泗水郡卒吏。刘邦早年曾得到萧何的维护和资助，起兵后，任萧何为丞相，负责后方事务。

秦二世二年(前208)，刘邦攻下咸阳，诸将争相奔往有金银财宝之处，只有萧何独先入秦丞相府、御史府接收律令图书。这些档案材料使刘邦得以掌握天下地势、户口及民情，对后来楚汉之争，安定天下帮助很多。第二年(前206)，刘邦接受项羽的封赏，成为汉王，命萧何为丞相，他向刘邦推荐韩信为大将，上演一出“萧何月下追韩信”的历史典故，显示出了其卓越的政治才能和对人才独特的鉴别能力。

正是由于萧何的推荐，使得后来楚汉相争中，汉营多了一员猛将。楚汉相争五年，萧何先坐镇巴蜀，继而留守关中，源源不断地输送军粮，补充兵源，刘邦与项羽交战，虽然损失惨重，但总能在危急时刻得到补充，终于转败为胜。刘邦称帝后，论功行赏，萧何功劳最大，不但封侯，还享受带剑着履上殿，入朝不受阻拦的优待。萧何根据秦朝的法制，结合当时的具体情况写出《九章律》，让刘邦治理天下有了参照。他的一生对汉朝鞠躬尽瘁，在众多汉初功臣中，他是很少得以善终之人。

高帝十一年(前196)，吕后用萧何的计策诛杀了韩信，让韩信死前发出“成也萧何，败也萧何”的千古绝唱。他早年与曹参关系融洽，后来由于诸多政治原因又生芥蒂。在他病危的时候，惠帝亲自到床前探视，问他死后谁可代为相国，他抛弃前嫌，推荐曹参。惠帝二年(前 193)萧何离开人世，谥号文终侯，葬在咸阳的东北。

以刘邦登基为标志，一个崭新而强大的朝代诞生了。

第二章 刘邦登基，汉朝建立

在秦朝灭亡后进行了四年的楚汉战争，以项羽在乌江悲壮的自刎为标志，秦朝终于画上了句号。众多义军一起推倒了秦朝似乎不可战胜的围墙，最终由真正的英雄刘邦统一了天下，登上了皇帝的宝座，开创了中国历史上又一个崭新而且对中国影响深远的朝代——汉朝。

一、刘邦登基

公元前202年，在楚王韩信的带领之下，群臣共同上书，推尊刘邦为皇帝。二月，刘邦正式登基，定国号为汉，正式建立了汉王朝，史称西汉，刘邦就是汉高祖。

汉高祖登基之后，尊奉曾经在楚营为人质的妻子吕雉为皇后，儿子刘盈为皇太子。登基之初，建都洛阳，不久，听取大臣建议迁都长安。命令分封的八个王回到自己的领地之上，并开始实行裁军，安抚百姓，优待官员。这样，文武百官和黎民百姓皆大欢喜，稳定了建国初期的混乱局势。汉高祖执政后，继承了秦朝的大部分制度，还根据多年战乱造成的经济凋敝等实际状况，实行了轻徭薄赋，“与民休息”的政策，这对汉初的经济恢复和发展起到了很大的作用，也为汉朝后来再次扩展疆域，攻打匈奴奠定了坚实的基础。

1．市井皇帝刘邦

汉高祖刘邦，字季(一说小名刘季)，周赧王五十九年(前256)出生在沛郡丰邑(今江苏丰县)中阳里。父亲刘瑞，他有兄弟四个，高祖刘邦排行老三，长兄名伯，次兄名仲，少弟名交。

刘邦小时候也读过一些书，但他不是本分的读书人，他的性格豁达粗犷，待人宽厚。由于平时几乎不参加家庭农业生产，他的父亲因为此事曾多次责备他，认为他是一个终日无所事事的无赖小混混。到了青年时代，秦始皇已经统一全国，他通过考试当上了秦朝的泗水亭长，并与郡县小吏关系非常亲密。在这个时候，他醉心于声色犬马之中，几乎没有人能想象得到他能推翻秦朝，并且成为一个朝代的开国皇帝。

尽管刘邦在生活上有失检点，大多数人也认为他胸无大志，但他自己却不这么认为。有一次，他押送夫役到首都咸阳，正碰上秦始皇出行，看到秦始皇威风凛凛地坐在仪仗护卫的车中，他便赞叹说：“唉，大丈夫就应该像这个样子！”这么一句由衷的话，或许表达出了他毕生的追求。

泗水亭碑

从咸阳回来后不久，刘邦就结了婚。妻子是单父(今山东单县)人吕公的女儿，吕公的这个女儿就是后来历史上著名的吕后。当时刘邦的故乡有一个传说，说他们这个地方有一条蛟龙，虽然当时大家都认为无论如何也不会是刘邦，但吕公经过和刘邦一两次的接触，发现这个年轻人胸怀大志，决定把女儿许配给刘邦。也就是他的这个决定，让吕家在刘家天下里地位非凡，几乎改掉历史，开创一个“吕家王朝”，这都是后话。刘邦的妻子为高祖生了一儿一女，女儿后来称鲁元公主，儿子就是后来的惠帝。

刘邦成家后，和父亲分开过日子，为了照顾家庭，他不得不常常告假回家帮着干一些农活。

有一次，吕后和女儿正在田中锄草，一个过路老人因向吕后讨水喝，便恭维说：“你们都生长得‘贵相’。”老人走时，恰巧刘邦也来到田中，吕后把相面的事情告诉他，他马上追上那位老人，请他也为自己相面。

老人说：“刚才你夫人、女儿之所以是贵相，就是因为你，你的相贵不可言。”

刘邦听了以后非常高兴。他对老人道谢说：“如果真能像你老人家所说那样，那我一定不会忘记你的大德。”

秦王朝末年，秦始皇修骊山墓需要大批劳力，高祖受命以亭长身份押送刑徒到骊山。在押送的路上，刑徒纷纷逃亡。刘邦估计到了骊山，这些刑徒也差不多要跑光了，一路上闷闷不乐。

一天，走到丰邑西边的大泽里，停下来休息时，刘邦喝多了酒，仗着酒劲就把刑徒身上的绳索解开，对他们说：“你们都逃命吧，我也从此逃亡了!”当时有十几个重义气的刑徒愿意跟着刘邦走，刘邦就连夜带着他们从大泽里逃亡。

当时他命令一个人在前面探路，这个人却很快回报说：“前面有一条大蛇挡在路上，我们还是回去再找路吧。”刘邦这时已经醉得不行，他大声呵斥说：“我们这么多男人走路，怕什么!”

于是他冲到前面开路，拔出剑把那条蛇一斩两段。又走了几里路后，刘邦酒性发作，在路旁躺下。后面的人走到蛇死的地方，看见一个老太婆在痛哭，他们问她为什么哭，她说：“有人杀了我的儿子。”又问：“你的儿子为什么被杀?”她说：“我的儿子是白帝的儿子，他变化成蛇，横在路上，刚才被赤帝的儿子斩杀，所以我哭。”人们当时都以为这个老太婆是说胡话，就想拿她开心，可是老太婆却突然隐身不见了。白帝、赤帝是古代神话传说中的两位君主，刘邦被喻为赤帝的儿子，自然贵不可言。后来的人继续向前走，碰到刘邦，他的酒已经醒了，于是他们把此事告诉了他。刘邦心里暗喜，并以此自恃，那些跟从他的刑徒对他也更加敬畏。

早先的时候，秦始皇就经常说：“东南有天子气。”所以他曾经多次东巡，试图来镇住这种云气。刘邦杀了大蛇，又听说了那种神异之事，就开始怀疑会不会是冲着自己来的。因此，他带着那些愿意跟从他的刑徒逃亡到芒砀山区(今河南永城市东北)，藏了起来。但就是这样，吕后和其他朋友去寻找他，也都能够很快找到。刘邦很奇怪，就问她原因。吕后说：“你藏身的地方，天空上经常有五彩祥云，我就是看着这些云找到你的。”刘邦听后很高兴，把此事向人们大肆宣传，沛县及附近的青年人听说后，很多都愿意跟从他打天下，加上早先沛县就流传“此地有蛟龙”，刘邦或许就是大家传说中的蛟龙。

这样一来，刘邦利用迷信和自己的为人就组织了一批人在自

沛县博物馆

己周围，成为当时人们公认的沛中豪杰。刘邦随后宣称自己是赤帝之子而竖起红色大旗，正式宣布起兵反秦。接着，萧何、曹参和樊哙等人分头去招兵买马，沛中子弟踊跃参加，队伍很快发展到了两三千人。这时是秦二世元年九月，高祖已经四十八岁。在历史上，大器晚成之人中，刘邦的作为最大。

随后刘邦四处征战，由于他知人善任的名气越传越远，很多优秀的人都聚集在他身边，成为了秦末义军中较大的一股，在随后楚汉相争中确立了帝王的位置。

2. 休养生息

经过长达八年的战乱，建国之初的汉朝人口锐减，经济凋敝。就因为这样，汉高祖刘邦首先采取措施，解决劳力不足的问题。释放囚犯，让流民返乡，军人复员，解放奴婢，鼓励生育。同时，重新调整土地，发展农业经济。

秦汉时期的农业

为了调动农民的生产积极性，在秦的赋税制度基础上，高祖采取了轻徭薄赋的政策。除了轻徭薄赋，高祖还通过“赐爵”、

“复爵”来调动农民的积极性。在大力发展农业生产的同时，高祖也比较重视工商业的发展，对这些政策也做了相应的调整。主要措施就是放宽对私人工商业的限制，结果不仅振兴了工商业，也促进了农业生产。他也是较早能正确看待工商业的皇帝之一。

为了保证人民能有一个相对安定的环境从事生产，汉高祖还比较妥当地解决了与北方匈奴的关系问题。他采用“和亲”策略，以宗室女为公主嫁给冒顿单于，并送给匈奴大批财物。这样一来，匈奴对中原的骚扰大为减少。汉、匈之间的关系暂时出现了和平，从而给中原人民提供了一个相对安定的生产环境，为汉朝初期政治的稳定和经济的恢复做了外部保证。

由于以上措施和政策的施行，汉初的农业生产大大发展，经济很快得到了恢复。到惠帝、吕后统治时期，已经是“衣食滋殖”。到武帝初年，更出现了“都鄙廪庾皆满，而府库余货财”的经济空前繁荣的景象。

3. 封王、封功臣

公元前 202 年 12 月 21 日，高帝开始对在战争中有功的人进行封赏。萧何封为酂侯，享受的封邑最多。功臣们说：“我们身披铁甲，手拿武器，手提着脑袋在沙场上杀敌，多的身经百战，少的也有几十次战斗，天下是我们用一腔热血拼出来的；萧何从来没有这样的汗马功劳，只是操持文墨发发议论的文人，他的封赏反倒在我们之上，我们心里不服。”高帝机智幽默地打了个比方说：“诸位都知道打猎吧？在打猎时，追逐野兽的是猎狗，但是解开猎狗身上的绳子，指示野兽所在地方的是猎人。现在诸位只能捕捉到野兽，功劳像猎狗；至于萧何，他是解开绳子、指示捕捉目标者，他的功劳像猎人。”大家都不敢说话了。张良是谋臣，也没有什么战功，高帝让他自己挑选齐地三万户。张良说："当初我在下邳起兵，同皇上在留县会合，这是上天有意把我交给你。陛下采用我的计策，我十分侥幸，偶尔有被我料中的。我希望受封留县就足够了，不敢接受三万户。"于是封张良为留侯。封陈平为户牖侯。陈平推辞说："这不是我的功劳。"皇上说："我采用先生的计策，克敌制胜，不是你的功劳，那又是什么人的呢？"陈平说："如果没有魏无知的引见，我怎么能进来拜见你呢？"皇上说："你这个人，可说是不忘本的人。"于是又一次赏赐魏无知。

萧何像

高帝刚刚把天下平定下来，儿子年纪很小，兄弟又少，根据秦朝因孤立无援而灭亡的教训，他想用大封同姓为王的办法，来镇压和安抚天下。正月二十一，他把原来楚王韩信管辖的地方划分为二国：淮河以东五十三个县，称荆国，封他的堂兄将军刘贾为荆王；薛郡、东海、彭城等三十六个县，称楚国，封他的弟弟文信君刘交为楚王。

正月二十七，把云中、雁门、代郡等五十三个县封给他的哥哥宜信侯喜，称代王。他把胶东、胶西、临淄、济北、博阳、城阳郡七十几个县，称齐国，封给他还是平民时的外妻生的儿子刘肥为齐王。另外凡说齐国方言的地区，也划给齐国管辖。

皇上认为韩王信有勇有谋，他领有的韩国，北面跟巩县、洛阳相邻，南面紧接宛城、叶县，东面拥有淮阳，这些地方都是军事要地，高帝对他很不放心。于是把太原郡三十一个县划出来，成立韩国，把韩王信调到那里做王，防御胡人，建都晋阳。韩王信上书说："韩国位于北方边陲，匈奴入侵了很多次，晋阳距边关太远，请求把首府迁到马邑。"皇上答应了。

皇上已封有功的大臣二十多人，其余的人日夜争功，朝廷一时决定不下来，暂时无法进行封赏。皇上在洛阳南宫，从阁道上望见许多将领常常聚集在一起，坐在沙地上议论纷纷。皇上问张良说："他们这是在说什么？"留侯说："陛下还不知道吗？他们是在图谋造反啊！"皇上说："天下刚刚安定，是什么缘故使他们还想造反呢？"留侯说："陛下从平民起兵，是靠这些人夺取的天下。如今陛下做了天子，但你封赏的都是陛下亲近喜爱的老朋友，诛杀的都是陛下平日怨恨的人。如今军吏计算功劳，认为天下的地方已经不够封赏；这些人担心陛下不能全部封赏他们，又害怕你记起他们往日的过失而杀他们，所以聚集在一起图谋造反。"于是皇上忧虑地说："这事该怎么办呢？"留侯说："皇上往日所憎恨的也是群臣都知道的人，其中你最恨谁？"皇上说："雍齿和我有旧怨，他几次困窘侮辱我，我想杀他，因为他功劳多，所以不忍心。"留侯说："现在您赶快先封雍齿，他们见到雍齿受封，那么对自己会受封就坚信不疑了。"于是皇上设置酒宴，封雍齿为什方侯。而且他催促丞相、御史赶快评功行封。群臣参加酒宴以后，都十分高兴，说："雍齿还封侯，我们不用担心了。"

就这样，汉初的封王、封功臣的事情在吵闹声中结束了，这也让刘邦感到，群臣缺少规矩，不懂礼节，这样就形成不了天下唯我独尊的局面，之后就接受了叔孙通的建议，制定了朝仪。

4．叔孙通制定朝仪

一向懒散放纵惯了的刘邦对君臣之间很多礼节都不适应，他不愿意受秦始皇所制定的那种严格的繁文缛节的约束，于是就在登基之后，取消了秦朝那些不必要的礼节。但是他手下那些草莽出身的英雄们本来就不太守法纪，仗着自己有功，更是忘乎所以，公然在宴会上饮酒争吵，相互邀功，吵得不可开交。更可怕的是，这些人喝醉酒后还大发酒疯，狂呼乱骂，拔剑相击，几乎要动起手来，闹得皇宫里一塌糊涂，天翻地覆。一旦这些人喝醉了，就连一国之君的刘邦也觉得束手无策，毫无办法，对他的权威没有丝毫的畏惧。他这才深刻地意识到，战争时期处理问题的办法在建国后已经不再适用了，现在需要的是大力整顿政府，赶快制定出一套新的、更适用的朝法礼仪和礼乐制度。

叔孙通对皇上推荐儒生，说道："儒生，虽然不能夺取天下，但他们却可以守住天下。我愿意到鲁地去，把儒生们征召来，跟我的弟子们一道，制定朝廷的礼仪。"高帝自己很担心这些礼节太难，连自己也做不到，就问："大概不会很难吧？"叔孙通说："五帝的音乐不同，三代的礼制也不同。礼仪制度是适应时代、人情而给人们的言论行为作出规范的。我愿意结合古代的礼制和秦朝的礼仪，制定出一套当代的新的礼制。"皇上说：

“你可以试着办，但要让大家容易了解，估计在我能做到的情况下去制定它。”

鲁国是先圣孔子的故乡，儒家学说的发祥地。那里浓厚的儒家文化氛围，造就了一代代数不清的儒家英才，使儒学在那里得到一脉相传的发展。叔孙通和其他只会背诵经书、不达时务的儒生不同，他非常善于察言观色，揣摩人的心思。就是他及时看出了刘邦的心思，才提出制定朝仪，随后他就奉命到鲁地，征召儒生三十多人。其中有两个儒生不肯来，他们说：“你叔孙通服侍的君主有将近十个了吧，你都是靠当面阿谀逢迎才得到亲近、富贵。现在天下刚刚平定，有些死去的人还没有来得及安葬，受伤的人还卧床不起，你又想制定礼乐了。你走吧！不要侮辱了我们。”叔孙通笑着说：“你们真是腐朽的儒生，不懂得时代的变化。”他就带着所征召的三十个人往西到京城去。在长安，他带领这三十个人，加上皇上左右有学术修养的近臣和他的弟子，共

古汉中王宫

一百多人，在野外进行新的礼仪的演习，进行了一个多月，练习得差不多了之后，他们请皇上来看，刘邦看了以后说："这个我能做到。"于是他命令臣子们练习。公元前200年，长安城中的长乐宫落成，群臣齐来朝见，第一次施行叔孙通等人制定的汉代礼仪，成为中国历史上最早的有详细史料记载的朝拜仪式。

据史书上讲，这一天天还没有大亮，朝拜皇帝的仪式就开始了。准备朝见皇帝的文武百官们，一个个披红挂绿，精神抖擞，按照官职的高低，在宫门外排成长队站立等候。廷中陈列着车骑步兵卫队，设置了各种武器和各色旗帜。在一声传呼令中，殿下数百名官员站立在台阶两边，武将立于西边，文官立于东边。刘邦则乘舆出现，百官都举着旗帜，左右侍卫高呼"皇帝驾到"，于是诸侯王以下依次奉贺。刘邦这天也特意打扮了一番，身穿崭新的龙袍，刚整过的胡须微微上翘，面色庄重，威严地看着下面

汉代宫廷图

站立两旁的众大臣，场面十分壮观，气氛肃穆。诸侯王、文武百官，无不震恐。大礼完毕，又大摆宴席，殿上的臣子们都俯身俯首、毕恭毕敬地按照尊卑的次序先后上朝。朝拜完毕，汉高祖要赏给大臣们饮法酒，大臣们把酒杯举到跟自己额头一样的高度，齐说道："谢酒！敬祝皇帝万寿无疆！"这个万寿无疆，就是长生不死的意思，酒的量也很少，只是为了礼仪上的需要而已，绝不许喝醉，所以称为法酒。在朝拜过程中，御史负责检查，凡是在礼仪上出了差错的就要被卫士们带走。大臣们再也不敢像以前那样随便和皇帝吵闹了，他们一个个都做得十分认真，唯恐出了差错而被带下去。整个宴会自始至终都秩序井然，没有人再敢任意地在此时高声喧哗。

刘邦看到这种情景，不禁感慨道："今天才知道做皇帝的尊贵啊!"于是龙颜大悦，封叔孙通为太常，专职制定礼仪。这时，叔孙通趁机进谏，为参与制礼作乐的弟子们和儒生们求官。素来看不起儒生的刘邦在高兴之余，接受了叔孙通的请求，拜封儒生为郎。先前不理解叔孙通，甚至埋怨他的儒生们也终于心悦诚服，称赞他是圣人。

叔孙通后来官至太子太傅，他在太子的改废问题上誓死捍卫太子，影响到了刘邦的一些决策，为刘盈登上皇位立下大功。惠帝刘盈继位后，叔孙通继续担当太常之职，所以汉初的各种礼仪制度，全部出自叔孙通之手。司马迁曾评价叔孙通为"汉家儒宗"。纵观叔孙通一生的为人处世和他的功业，这样的评价是十分准确的。叔孙通和他的弟子确实可以称得上是汉代儒学的先声了。

二、刘邦的用人策略

前面说到，刘邦之所以得到天下，在于他会用人。刘邦本是一市井混混，正是靠着他手下的贤能之士才得到天下。

在争夺天下的过程中，他不仅用了张良、萧何、韩信这样能独当一面的人杰，并且还用了许多有各种长处的人才。他用人有个特点，就是只要有本领就用，而不管什么出身。

萧何是汉高祖刘邦的同乡，是个有政治眼光和才干的人。他了解刘邦，认定刘邦将来能够成就大事业。萧何可以称得上汉朝的开国元勋。刘邦打进咸阳的时候，别的将士忙着抢劫金银财宝，只有萧何一到咸阳就到秦朝的丞相府、御史府，把图书律令和文书档案全部接收过来，这是

萧何月下追韩信

一批极其重要的经济、政治、文化资料，有了它，使刘邦对全国的山川险要、郡县户口以及社会情况了解得一清二楚，对于打败项羽、统一天下起到了极为重要的作用。萧何还是个管理后勤工作的能手。在楚汉战争中，他以丞相的身份留在关中，在刘邦屡次被项羽打败以后，他很快又筹足了粮饷，补充上士兵，使刘邦能够重整旗鼓，保证了战争的最后胜利。所以刘邦在统一天下以后，为了表彰萧何的功绩，让他做了丞相。

萧何还给刘邦找到了一位不可多得的军事人才，那就是韩信。韩信本是楚营的一个小将领，曾经忍受别人胯下之辱，没有得到项羽的重用，后来在萧何的介绍下来到汉营，本以为能大显身手，但来到汉营后依然没有得到重用，但萧何非常器重他，多次向刘邦推荐他，可刘邦并未重用韩信。韩信看到自己的雄才大略在蜀汉还是得不到发挥，就悄然收拾了行装，准备离开此地。

萧何听说韩信走了，如失至宝一样，急忙骑了快马去追。这一路扬鞭急驰，拼命地追赶，直到月亮升上天空，萧何还没有追到韩信。萧何此时已是人困马乏，真想睡一觉再继续追，可他又担心第二天更追不上韩信了，又策马扬鞭急追，由于寒溪涨水，韩信无法渡河，所以萧何终于在寒溪一带追上了韩信。萧何大声呼喊："韩壮士！请停一停！"韩信听出来是萧何的声音，他知道萧何很赏识自己的才能，就停了下来。萧何赶快下了马，拉着韩信的手说："韩壮士，你不能走!汉王是重视人才的，只要我向汉王一说，他准会重用你。请你不要性急，稍等几天!"于是，便有了"不是寒溪一夜涨，哪得汉朝四百年"的典故，并且流传至今。

刘邦听萧何回来汇报说是去追韩信，很不以为然。他说："现在逃走的将军那么多，没听说丞相去追过谁，单单追韩信，

恢弘的大汉雄风

是什么道理?”萧何趁机说：“千军易得，一将难求啊！韩信就是这个难得的将才。如果大王只想长期居住在汉中，那么就用不着韩信；如果大王依旧想夺得天下，就非韩信不可，缺了他，大王的愿望恐怕难以实现了。”刘邦闻听此言，大为吃惊，于是拜韩信为大将。拜将仪式过后，韩信谢过了刘邦，并向刘邦详细阐述了自己关于楚汉双方条件的理论，韩信认为能够与刘邦争夺天下的只有项羽一人。项羽虽然勇猛，但是不会用人；对别人表面上很仁慈，其实很吝啬；更严重的是他失掉了民心，老百姓都很怨恨他。要打败项羽并不难，只要反其道而行之就行。他认为汉王东征，一定能战胜项羽。刘邦非常信任韩信，让他指挥将士，操练兵马，把汉军训练得勇猛善战，而且军容整齐。东征的条件渐渐成熟起来，韩信为刘邦夺取天下，建立汉室江山，立下了汗马功劳。

如果没有当初“萧何月下追韩信”，可能也就没有刘邦的几百年汉室江山了。刘邦正是借助张良、萧何、韩信等一批人夺得了天下，刘邦的成功就在于会用人。

三、兔死狗烹，鸟尽弓藏

刘邦像历史上众多的开国皇帝一样，坐上皇帝宝座后，上演了一幕兔死狗烹、鸟尽弓藏的“好戏”。在建立汉朝初期，迫于部下战功赫赫，不得已封了几个异姓王，但心里却十分疑惧这些功高盖主的异姓王将来会成为汉室江山的另一个祸害。因此，他一直谋划着找机会剪除心腹之患，来加强他刘姓江山的稳固。

1. 成也萧何，败也萧何

汉高祖刘邦与匈奴订下和亲之约，北部边地的紧张局势稍为缓和，来自匈奴的威胁暂告缓解。于是，刘邦集中主要力量，剪灭异姓诸侯王，以进一步加强汉王朝的统治。

汉初所立异姓诸侯王，不过是一项权宜之计。这些异姓诸侯王拥有一定的兵力，据有连城数十的封地，对汉朝是一种威胁。当汉王朝的封建统治秩序初步恢复之后，便开始了一场削夺异姓王权力的斗争。这场政治斗争始于汉王六年(前 201)，至汉王十二年(前 195)止，前后共七年时间。刘邦剪除异姓诸侯王，轻者削夺封号，重者夷灭三族，而首当其冲的，就是那位“勇略震主”的韩信。

韩信自齐徙封楚地，于高祖五年春正月，在下邳正式当上楚王。项羽兵败后，他的逃亡将领钟离昧因平素与韩信关系很好，就投奔了韩信。刘邦记恨钟离昧，听说他在楚国，就下令楚王逮捕他。那时韩信初到楚国，到各县乡邑巡察都派军队戒严，寻找钟离昧的官差几乎无法下手，到楚地处处受到约束。有人据此上书，告发韩信要谋反，但是仅凭上述这两条，不足以作为谋反的罪证，而且除上告者外，没有人知道这件事，包括韩信本人也不知道，因此刘邦就此事询问大臣们的意见。一些将领主张发兵攻楚，击杀韩信，陈平的意见恰恰与此相反。他认为：楚王能征善战，兵多将广，如果发兵攻楚，韩信即使没有反叛之心，也会起兵叛乱，到时候如果各地诸侯起来响应，打起仗来，后果难料。陈平献计让刘邦假装游玩云梦(今湖北应城南)，并在陈地(今河南

韩信钓鱼台

淮阳)约见各位诸侯，到时看韩信的举动，如果不来，就说明有反叛之心，大可名正言顺举兵诛之；如果韩信来了，可见机将其捕获，无须大动干戈。

韩信当然知道刘邦此次的目的，但如果不去，岂不被戴上谋反的帽子。后来经过深思熟虑，认为自己无罪，为什么不去呢，但又怕被擒，这时有人向韩信建议："杀了钟离昧去拜见汉高祖，高祖必定高兴，也就不用担心祸患了。"韩信把此事与钟离昧商议，钟离昧说："刘邦之所以不攻打楚国，是因为我在你这里，如果想逮捕我去讨好刘邦，我今天死，随后亡的定是你韩信。看来你也不是位德行高尚的人。"结果钟离昧自杀而亡，韩信持钟离昧首级去拜见刘邦，当即遭到逮捕，韩信如梦初醒，叹道："果然像人们说的'狡兔死，走狗烹；高鸟尽，良弓藏；敌国破，谋臣亡'。现在天下已定，我韩信也该死了!"刘邦回到洛阳，因韩信谋反证据不足，只是削夺他的楚王封号，贬为淮阴侯。

韩信自从被削夺封号之后，这位功勋卓著的将领，随即移居长安。他因刘邦忌恨其才能，终日闷闷不乐，从此常称病，不再参加朝拜。刘邦见韩信在长安城，不理朝政，心安不少。有一次，刘邦与韩信论及诸将统兵的能力。刘邦问他："你看我能带多少兵?"韩信回答说："只能带十万。"刘邦又问："你能带多少?"韩信说："我多多益善。"刘邦取笑说："多多益善，为何被我擒获?"韩信说："陛下不能带兵，善于带将，这是我被擒的原因。"这一席绝妙的对话，多少道出了刘邦善于用人的卓越才能，也说出了刘邦与异姓王之间微妙的关系，更是显示出了韩信狂傲的个性。当边将陈豨叛乱事件发生之后，他终于陷入了悲剧性的绝境。

在韩信被贬之后，部将陈豨被封为巨鹿郡郡守，他前来向韩信辞行。韩信辞去左右，拉着陈豨的手走到屏风后面说："你我可是兄弟吗？我有话想和你讲。"陈豨表示一切听从将军的命令。韩信说："此次调你所去的地方，是聚集天下重兵的地方，这样是容易引起别人怀疑的，当然，你是陛下亲信宠爱的臣子，如果若有人说你谋反，陛下一定不会相信；如果再有人告你谋反，陛下难免就会产生怀疑；如果第三次有人告你谋反，陛下定会大怒而亲率军队征讨。如果发生这样的事情，我为你在京城做内应，就可图谋天下了。"陈豨平素就了解韩信的才能，相信他的计谋，表示一切听从韩信的指示。

汉代士兵图

陈豨到了代地，招致大量门客，而且待门客不拘礼数。有时也途经赵国，门客随行者千余乘。有人见陈豨的宾客如此之盛，又在外统兵多年，唯恐图谋不轨，便将情况告诉刘邦。高祖经过反复查验，果然发现他的门客有不法行为。陈豨知道后十分恐惧，暗中派门客与韩信的部将王黄、曼丘臣取得联系。汉王十年(前 197)九月，与王黄等发动叛乱，并自立为代王，发兵攻打赵、代地区。刘邦亲自率兵前去征讨，韩信称病不随高祖出征，暗地里派人到陈豨处联络，要陈豨只管起兵，自己定从京城策应。韩信与家臣谋划：可以在夜里假传诏旨，释放那些在官府中的囚徒和官奴，然后率领他们去袭击吕后和太子刘盈。部署已定，只等陈豨方面的消息。这时韩信的一位门客得罪了韩信，韩信囚禁了他并准备杀他，于是门客的弟弟向吕后告发韩信谋反的情况。吕后对此深信无疑，原想召韩信进宫，又担心韩信不肯从命。因此，吕后与萧何共谋，骗韩信说刘邦已经得胜，陈豨已经被杀，令列侯君臣进宫庆贺，萧何对韩信有知遇之恩，亲自去将韩信请来，并且说："虽然你终日有病，也该去庆贺一番啊！"韩信相信萧何，结果被吕后抓获并杀于长乐宫钟室。最后，韩信被诛灭三族，一代名将落得如此下场。

继战国时孙武、白起之后，韩信是最为卓越的将领，他是中国战争史上最善于灵活用兵的将领，他在拜将时的一番话成为楚汉战争胜利的根本方针。他一人之下，万人之上，率军出陈仓、定三秦、破代、灭赵、降燕、伐齐，直至垓下全歼楚军，其中无一败绩，天下莫敢与之相争。但最终死于妇人之手，后人评价韩信"成也萧何，败也萧何"，这或许就是韩信的命。

2. 梁王彭越被碎尸

大将韩信被杀之后，几乎在同一个时期，几个主要的异姓王都因谋反罪先后被杀。如果说韩信之死还有疑点，那么彭越被杀，罪名则是子虚乌有。

汉高祖刘邦在讨伐陈豨时，曾征兵于梁，梁王彭越称病未从，由其他人领兵去邯郸。刘邦为此大怒，派人责备彭越。彭越害怕了，想亲自前往谢罪。他的部将扈辄加以劝阻，认为彭越开始不随从平叛，受到责备以后再去，到那里将被刘邦擒获，他劝彭越不如反汉，但遭到了彭越的拒绝。当时因梁太仆有罪，逃向刘邦，告发彭越与扈辄要谋反。刘邦派人捉拿彭越，把他囚禁在狱。经主管官吏审理，认为他谋反的罪证具备，请求皇上依法判处。皇上赦免了他，废为平民百姓，流放到蜀地青衣县。彭越向西走到郑县，正赶上吕后从长安来，打算前往洛阳，彭越见到吕后就对着她哭泣，分辩自己没有罪行，希望回到故乡昌邑。吕后答应下来，还和他一块向东去洛阳。

在中国历史上，吕后的残忍臭名昭著，她向刘邦进言：“彭越是一个勇士，你如果把他流放蜀地，将来必定给自己留下祸患，不如杀掉他。所以，我带着他一起回来了。”

兵仙殿，韩信素有“兵家之仙”的美誉

后来，吕后又让彭越的门客告他再次阴谋造反。廷尉王恬上奏此罪当以灭族论处，刘邦准奏。汉王十一年(前 196)三月，彭越以谋反罪被杀，夷灭三族。刘邦为了杀鸡儆猴，还残忍地把彭越的尸体碾成肉泥，做成人肉丸子，送给那些开国功臣们吃，借此警告他们不要谋反。

彭越死后，梁大夫栾布从齐地回来，要求收殓彭越头颅，被刘邦下令烹死。栾布表示愿进一言再死，他指出当年刘邦被围彭城，大败荥阳、成皋之间，项羽之所以不能西进，全是因为彭越两地游动作战，与汉军配合，才拖住了项羽，让其首尾不能兼顾。当时彭越的作用对于两军都举足轻重，假如他投向楚军，则汉军必败；假如他投向汉军，则楚军必败。垓下决战之时，没有彭越的勇猛，项羽也不会失败。汉朝建立后，彭越封为梁王，只因征兵于梁，彭越因病没有和皇上一起同行，就怀疑他谋反，并且谋反的证据并不确凿，仍将他碎尸万段，恐怕功臣将人人自危。刘邦被触动，赦免了栾布并任命他做都尉。

栾布对汉初除异姓王的分析，无异于揭露了刘邦“家天下”的用心，也暗示此举将迫使其他异姓王起来反抗。后来局势的发展果然如此。

3. 淮南王英布起兵被杀

刘邦前后杀害韩信和彭越两名异姓诸侯王，特别是对彭越的残忍，在其他诸侯中掀起了一股不安的浪潮，于是众叛亲离，仅有的几员战将都不免兔死狐悲，心中开始对刘邦不满，从此对朝廷怀有戒心，英布更是如坐针毡。

英布，是西汉刘邦时的一员大将，官封“淮南王”，为汉高祖打下江山立下汗马功劳。他本是项羽得力的将领，当年楚军之所以能屡战屡胜，除了项羽本身的战斗力之外，英布功不可没，他骁勇善战，常常以少胜多。后来英布背楚投汉，使楚汉战争的双方力量对比发生了重要变化。

汉王四年(前203)七月，刘邦立英布为淮南王，汉王十一年(前196)，吕后擅自捕杀韩信，消息传到英布耳中让他十分恐惧。没过几个月，吕后又设谋杀彭越，并将其剁为肉酱，分送各诸侯。当时正在打猎的英布，见到彭越的碎肉，几乎想到了自己的未来，神情更加惶恐万分。他意识到自己可怕的结局即将降临，便立即采取措施，以应付不时之需，他暗中调集兵力，派人窥视旁郡的动向，以对付不测之事。

淮南王英布所做的军事部署，不久被他的属僚告发了。告发者叫贲赫，官为中大夫。刘邦一面将贲赫扣留起来继续审问，一面派人调查英布的情况。英布因贲赫逃跑，早已怀疑他会泄露机密，如今汉朝又派使者来调查，这就印证了他之前的猜测。高祖十一年七月，英布下令诛灭贲赫三族，随后举旗反叛。

铜马及牵马人

英布起兵之后，首先选择刘氏诸侯王

漠北之战

作为攻击目标，向东进攻荆王刘贾。在汉初的同姓王中，刘贾从军数年，经历过许多大小战役，具有一定军事才能。但是，英布也是当时少有的猛将，刘贾不是他的对手，很快就败下阵来。刘贾失败后向富陵(今江苏洪泽北)地区撤退，英布紧追不舍，刘贾在那里被英布军队在乱军中杀死。

淮南王英布打败刘贾后，又渡淮水，进攻楚国，楚王刘交发兵堵截，双方战于徐县、僮县之间，楚军分兵三路，企图能相互支援，形成三足鼎立的阵势。英布运用他多年的战争经验，集中兵力攻击一路军队，取得胜利后，其他两路见势随即溃败，刘交带领少数人马逃往薛县(今山东滕县南)。

淮南王英布起兵反叛的时候，刘邦有病在身。他本打算派皇太子刘盈领兵征讨，但吕后心疼儿子从中作梗，使这位皇太子失去了一次平息叛乱，树立威望的机会。当时，有人为吕后出主意说，刘盈已经位居太子，如果打了胜仗，带兵有功，也无法进位加封；倘若打了败仗，统兵不力，有可能从此受祸，说不定太子位置不保，不如劝说皇上带病亲征。吕后果然在刘邦面前哭哭啼啼，声称英布是当今天下的猛将，历经沙场，善于用兵，一般将领绝对不能对付，而且那些将领大多都是皇上的同辈人，如果让太子出征指挥那些老将，就如同一只羊带领了一群狼一样怎能指

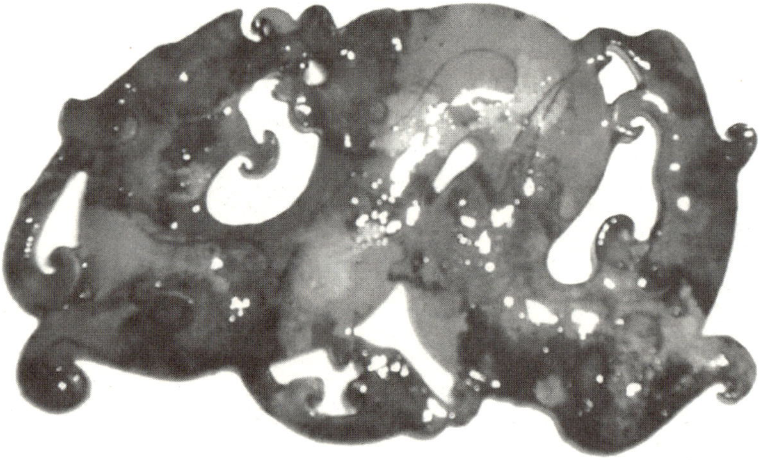

汉代古玉

挥得了啊？刘邦向来对吕后的哭诉无可奈何，只好带病亲自出征。

汉高祖刘邦为了鼓舞士气，下令赦免死罪以下的刑徒从军征讨，还征发诸侯兵参加平叛。与此同时，又命令刘盈留守长安，治理后方。汉王十二年(前 195)十月，刘邦率军东征，与英布相遇蕲县(今安徽宿县南)之西。那时英布连连获胜，士气正旺，锐气正盛，于是刘邦在庸城(今安徽蕲县集附近)闭门坚守，挫挫他的锐气。两军形成对垒相望局面，刘邦在城头遥问英布："你为什么要反叛?"此时英布已经不想多费口舌，挑衅说："想当皇帝!"刘邦一听，怒发冲冠，下令出击，双方经过激战，英布兵败南逃，已经无法挽回败局，只好带着百余人逃到江南。

这时，长沙王吴芮的侄儿吴成派人诱骗他，之前因英布曾奚落过吴成，他一直记恨在心，想借机会除掉英布。于是假装殷勤接待，伯父长、伯父短地叫个不停，说："胜败乃兵家常事，我叔父虽然外出未回，但他对刘邦早已不满，伯父此来正好共同举起义旗。你只管放心，刘邦绝不会追到这里。今夜摆下酒宴，替伯父压惊，你先在这里好好休息。”英布不知是计，加上连日奔走，也确实疲劳，对吴成的话深信不疑，只顾喝酒。谁知这吴成早在酒里做了手脚，下了蒙汗药，英布带来的百骑士兵同时醉倒，人事不省。吴成一声令下，命军士将英布部下全部杀死。同时割下了英布的首级，用黄绫裹扎，再用木匣装好，连夜动身，去献给刘邦。至此，汉初的异姓王大都被消灭。

刘邦死后，儿子登基，是为“惠帝”。新皇继位追赠一批开国功臣，其中就有英布的名字。不过，也有人说，英布是被自己的老丈人长沙王番君所骗，所以才被杀死的。而且，刘邦虽然剿灭了英布的反叛，但是自己却在战斗中中了一箭，受了重伤，回到京城后不久就不治而亡了。

点　评

随着刘邦的登基，一个强大的王朝诞生了。

在刘邦登基之初，采取了一系列措施来巩固政权，对外采用和亲政策，稳定匈奴，对内休养生息、制定朝仪、削除异姓诸侯王，经过刘邦毕生的努力，给汉朝奠定了一个基本稳定的政治局面。

在削除异姓诸侯王的斗争中，刘邦采用了一些残忍的手段，关于这个我们不加评论。但从历史的规律中来看，一个统一的王朝中，掌握重兵的诸侯将是他最致命的隐患。刘邦采取的这种措施对于巩固政权的确起到了非常重要的作用，也为自己的子孙创造了相对宽松的政治氛围。但他所犯的一个错误是削除异姓诸侯，又树立了很多同姓诸侯，为以后的“七王之乱”乃至西汉的灭亡和东汉末年诸侯纷争和三国鼎立埋下了隐患。

刘邦的一生，从一个市井小混混到一个朝代的开国皇帝，其中经历的成长过程值得我们每一个人去研究和品读。他的用人策略至今仍是很多政治家乃至企业家效仿的榜样。他的成功充满了传奇色彩，也充满了偶然因素，但所有的偶然之中都蕴含了刘邦自己的努力和性格上独特的魅力。

汉朝在血雨腥风中向人们走来，但这种血雨腥风却没有因为刘邦的去世而结束，紧接着，在中国历史上留下重要一笔的女性，几乎主宰了一个朝代，更替了一个朝代，她就是中国历史上著名的皇后、刘邦的老婆——吕后。

相关链接

刘邦小传

刘邦(前 256—前 195)，他就是历史上著名的汉高祖，字季，是西汉王朝的开国皇帝。江苏沛县人。公元前 202—前 195 年在位。

刘邦出身农家，自小就志向远大，在秦朝末年曾任秦泗水亭长。秦二世元年(前 209)，刘邦在沛县起兵响应陈胜、吴广的起义，人送“沛公”的称号。在历史的进程中，他后来与项羽成为了反秦武装的主力。汉王元年(前 206)，他率领军队一路高歌猛进，攻入咸阳，推翻秦朝。其间听取了谋臣的建议，没有在咸阳逗留太久，避免了一场和项羽的争战。同年，项羽入关，刘邦被封为汉王。因惧怕刘邦反叛，项羽把他安排在人烟稀少、经济落后、交通不便的巴蜀、汉中之地。刘邦经过一番准备之后与项羽展开长达四年多的“楚汉战争”。汉王五年，败项羽，他在群臣的拥立下登上皇位，建立西汉王朝。最早的时候定都洛阳，后谋臣献计，迁都到长安，也就是今天西安。汉初，他为了恢复经济，赐有功军吏士卒以爵位，招抚流亡百姓，释放奴婢，减轻田租，重视农业生产。刘邦在政治上继承了秦朝的制度，重建专制主义中央集权。随后，相继剪灭韩信、彭越、英布等六位异姓王，同时分封九位同姓王，以达到天下唯我刘家最大的目标。他对匈奴、两越主要采取强硬的政策。自公元前200年被困白登山(今山西大同东北)七昼夜后，对匈奴改变态度，开始以和为贵，把汉室公主嫁给单于，与之和亲，承认赵佗为南越王，另立无诸为闽越王。

汉王十一年(前196)，刘邦率军讨伐英布之叛乱，不幸中箭，第二年病死，葬长陵(今陕西咸阳)，庙号高祖。

韩信小传

韩信(?—前196)，汉初军事家，淮阴(今江苏淮阴市西南)人。初属项羽未见用，继归刘邦，未见重用而出走，经萧何追回，被任为大将。楚汉战争时，他建议刘邦出兵东进，刘邦采其策，攻占关中。刘邦在荥阳、成皋间与项羽相持时，他率军抄袭项羽后路，破赵取齐，占据黄河下游之地。后刘邦封他为齐王。不久率军与刘邦会合，击灭项羽于垓下(今安徽灵璧县东南)。汉朝建立，改封楚王。后有人告他谋反，降为淮阴侯。又被告与陈豨勾结在长安谋反，为吕后所杀。

韩信和萧何、张良一起并称为汉初三杰，早先以甘受“胯下之辱”闻名于世，后来又因自己卓越的军事才能而被世人所了解。他一生善小忍不善大忍，脸厚而心不黑，替刘邦打下天下，最终却落得“兔死狗烹”的下场。他善于用兵，著有《兵法》三篇，已经遗失。

韩信十五岁左右时，母亲去世了，成为孤儿。从此韩信立志成名，但他不屑于务农、做工、经商这些事情，而醉心于学武习兵。经常刀剑随身，舞枪弄棒，他的志向不止于做一个武夫，更希望能成为一个将领，他潜心苦读兵书战策，认真学习和钻研各种用兵的谋略与方法，希望有朝一日，能带领千军万马，杀敌于疆场。

韩信胸怀大志，专心一意地学兵法，但现实生活是残酷的，他失去父母照顾，没有经济来源，吃饭成了他最大的难题。

淮阴城里很多人知道韩信的抱负，对他嗤之以鼻，有些人还当面侮辱他。有一天，一个人见韩信身佩宝剑走来，便故意侮辱他说：“你虽然身高体大，喜欢挎刀带剑，其实不过是个胆小鬼！”周围的人听了跟着起哄，都大笑起来，这个青年越发得意，当众指着韩信说：“你要是英雄好汉，就拿剑来刺我；如果你连这点勇气都没有，还谈得上什么理想抱负，那就从我的裤裆下钻过去吧。”说着，便叉开两腿。韩信心里明白，如果一剑刺下去，一定会被官府抓起来，为了这个人而毁了自己的前程，实在没有必要。于是就趴在地上，从那人的裤裆下钻了过去。在场的人都哈哈大笑，说韩信是个贪生怕死之辈。从此，韩信“受辱胯下”的事，就在淮阴城里传开了。

后来韩信几经周折，都没有找到发挥自己才能的地方。韩信最初追随项梁、项羽反秦，在战斗中他多次提出好的建议和策略，但项羽都不予采纳。汉王刘邦率兵入蜀后，他听说汉王是个礼贤下士的明主，就背叛楚营，投奔汉营而去。到汉营先后任连敖和治粟都尉，但仍未受到汉王的重用。他曾经多次与丞相萧何交谈，萧何对他的见识和才能十分欣赏。

汉军到南郑后，一路上将领逃亡者达数十人之多。韩信以为汉王不重用自己，也起了逃亡的念头，之后就上演了“萧何月下追韩信”的历史典故。

韩信带兵平定齐国后，被刘邦封为齐王。楚汉战争胜利后又被封为楚王。据说韩信到达自己的封国后，找到原来侮辱自己的无赖少年，拜为中尉。

韩信一生作战，没有打过败仗，除了对代军的作战外，其他每次战役都是以少胜多、以寡胜众、以劣胜优，创造了一个又一个奇迹。韩信是一个带兵奇人，他当时的去向，决定了楚汉相争的结果，他最后留在了汉营，但是最后刘邦还是容不下他，找了个罪名，说他谋反，被吕后杀死于长乐宫中。

韩信是中国历史上著名的将领，他智勇双全，在汉朝建立过程中立下了不朽的功勋，然而最终却被以类似“莫须有”的罪名而诛灭三族，令人扼腕叹息。虽然最终韩信以反叛者的罪名死去，但是他那一套用兵权谋和军事策略，则永远留给了后人！

张良小传

张良（？—前189），字子房，汉初功臣。与萧何、韩信合称“汉初三杰”。传说是城父(今河南宝丰东)人，爷爷与父亲都是韩国的国相。

秦国消灭韩国后，张良本打算为韩国报仇，变卖家产，收买刺客，在博浪沙(今河南原阳东南)地带行刺秦始皇未中，改名流亡于下邳(今江苏睢宁北)。传说在圯上遇黄石公，得到真传，并学习《太公兵法》。公元前208年，张良聚众百余人归刘邦，封留侯。

他的一生，不像韩信一样在战场上叱咤风云，也不像萧何一样在内政方面功勋卓著，他仅仅是坐在刘邦后面，在最最关键的时候点拨一下，最后却和韩信、萧何相提并论，同样得到了刘邦最高的评价，这其中的缘由只有刘邦最清楚。

刘邦曾想过改立太子，张良向吕后献计，招商山四皓与太子交游，迫使刘邦无法易储。

后人在介绍诸葛亮的时候就曾说过：“此人可以和周朝的姜太公和汉初的张良相提并论。”张良凭借自己的一张嘴，就获得“帝师”的称号，这可不是一般人能做到的。

张良晚年喜好黄老的神仙道术，死后被封为文成侯。

吕后是中国历史上第一个想要谋取皇位的女人。

第三章　吕后篡权，图谋天下

对于汉朝历史来讲，出现了一个之前其他朝代所不曾有过的历史现象，就是由皇后专权，她要比历史上著名的武则天早了几百年，她才是第一个吃螃蟹的人。

一、白马之盟

汉高祖刘邦晚年的时候，宠爱戚夫人，戚夫人生了孩子，叫作刘如意，被封为赵王。汉高祖一直认为吕后所生的太子刘盈生性软弱，没有自己的风范，怕他将来干不了大事，倒是刘如意说话做事都很像自己，有帝王风范，很有魄力。因此就想改立如意为太子，在母以子贵的封建社会，自己孩子的未来也就是自己的未来。因此，戚夫人也经常向汉高祖吹枕边风，要求立如意为太子。

关于改立太子这件事情，汉高祖刘邦曾经跟大臣们商量过，但是大臣们都反对，就连他一向敬重的张良也帮着吕后和刘盈，由此可见吕后的势力当时有多大。自从她杀害韩信和彭越之后，她的残忍让很多大臣畏惧，所以很多人宁可得罪刘邦，也不愿意得罪她。吕后还请了当时很有名望的四个隐士叫“商山四皓”，让他们来辅佐太子刘盈。这让汉高祖很是惊讶，之前自己多次相邀四皓，他们都不肯出来帮助自己，此时却义无反顾地支持太子刘盈。在吕后的策划之下，汉高祖在改立太子这件事情上退却了。他对戚夫人说：“太子有了帮手，翅膀已经长硬了，没有法子改变了。”戚夫人当然知道这其中的利害，整天以泪洗面。

汉高祖刘邦在征讨英布的战争中，胸部中了流箭，经常胸痛难忍。有一次，有人偷偷地对他说：“樊哙(吕后的妹夫)和吕后串通一气，只要等皇上仙去，就打算杀掉戚夫人和赵王刘如意。”汉高祖听后大怒，为了保住自己的爱妾和儿子，立即把陈平和将军周勃召进宫来，对他们说：“你们赶快到军营，立刻把樊哙的头砍下来见我。”

陈平、周勃接受了命令，两人私下商量说：“樊哙很早就跟随高祖，又立了不少战功，并且还是皇后的妹夫，咱们可不能随便杀他。这会儿皇上发火说气话要杀他，以后万一后悔起来，怎么办?”两人商量了一阵，就把樊哙关在囚车里，送到长安，吕后知道此事是冲自己来的，哪里肯依，下令放了樊哙。

到汉王十二年(前 195)春天，刘邦病情越来越重，他知道自己不行了，但还有一个心愿没有了却。在汉朝初年，为了争夺天下，稳定人心，封了很多异姓诸侯，虽然之后很多都被消灭，但也让他吃到了不少苦头，所以他决定给后人立个规矩，就带领文武大臣到太庙里去宣誓。他把大臣召集在他跟前，吩咐手下人宰了一匹白马，亲自主持了杀马仪式，要大臣们歃血

吕后像

为盟。他端起一杯冒着热气的马血酒，当着祖宗的灵位，带领大家起誓说：“我自从做了皇帝以后，已经十二年了。当年有很多人追随我打天下，出生入死，南征北战，我已经给了有功的人许多奖赏，还有很多人被封王封侯，手中掌管不少土地，甚至军队。我从自己的良心上说，已经对得起他们了。但是有些人骄傲自大，自以为对国家有功就目空一切，甚至兴兵反叛，想要抢夺天下，争做皇帝。现在我在这里当着祖宗的灵位，为子孙后代立下一条不许违反的信条，希望大家发誓遵守：从今以后，凡不是刘姓的人，一概不许封王；没有功劳的人，一概不许封侯。谁违反这个誓约，天下人就共同讨伐他。”起誓完毕，汉高祖把马血酒洒半杯在地上，剩余的半杯一口气喝下去。在场的人都照着他的样子，喝了马血酒，发誓一定永远遵守此约。其实，刘邦之所以这么做，一个原因是之前的事情给他的教训，另一个重要的原因就是为了防备吕后在自己死后大权独揽，坏了刘家的天下。他和吕雉做了几十年的夫妻，深知自己的妻子胸怀大志，野心勃勃，在自己活着的时候，她还不至于掀起什么风浪，但是自己死了以后，吕后的儿子做了皇帝，她也就成了太后，恐怕天下就无人能治她了。也正是因此，刘邦才打算废掉太子刘盈，其中也有防止日后

东汉·翁仲石俑

吕后专权的意思。既然废太子的事不能成功，他也就只好另想办法遏制吕后了，于是就有了这个历史上闻名的“白马之盟”。

大臣们宣了誓，刘邦才放下心来。他的病也越来越重了，不得不把吕后找来，嘱咐自己的后事。在刘邦弥留之际，吕后问他：“陛下百年之后，要是萧相死了，谁可以接替他?”汉高祖说：“可以让曹参接替。”吕后又问：“曹参以后呢?”汉高祖说：“王陵可以接替。”“不过王陵性格过于直爽，可以叫陈平辅佐他。周勃为人厚道，办事慎重，只是不大懂得文墨。但是将来安定刘家天下的，还是要靠周勃。”吕后再问下去，刘邦摇摇头说：“再以后的事，就不是你能够知道的了。”

公元前195年，汉高祖刘邦去世。吕后为了防止引起骚乱，把消息封锁起来，秘密把她的一个心腹大臣审食其找去，对他说：“现在朝中的这些大将们和先帝都是一起起兵的，他们有些人在先帝手下已经不大甘心，如今先帝去世，难保他们不会借此机会叛乱，不如想个办法把他们都杀了吧?”这就是吕后的为人，她不相信任何人，对所有人都充满怀疑，其实她做这些事的背后也隐藏着自己的目的。审食其觉得这事不好办，就约吕后的哥哥吕释之做帮手。吕释之

曹参像

的儿子吕禄把这个秘密泄露给他的好朋友郦寄，郦寄又偷偷地告诉他父亲郦商，郦商得知这消息后，赶忙去找审食其，对他说：“听说皇上去世已经四天。皇后不发丧，反倒打算杀害大臣。这样做，一定会激起大臣和将军们的反抗，天下大乱不用说，只怕您的性命也保不住。”

审食其被吓住了，忙去找吕后说清轻重缓急。吕后也觉得杀大臣这件事没有把握，现在这件事情又泄露了出去，就只好下了发丧的命令。大臣们安葬了汉高祖，随后太子刘盈登基，他就是汉朝的第二个皇帝——汉惠帝，吕后顺理成章地成了皇太后。

汉惠帝是个老实无能的人，所有的一切都听他母亲吕太后做主。吕太后大权在手，飞扬跋扈，想怎么做就怎么做。

刘邦生前尽自己最大的努力，让臣子们立下的“白马之盟”，到了吕后这里，成了一个形式。死人终究还是斗不过活人，苦心经营的刘氏天下，就这样被吕后篡夺了权力。

二、灭绝人性的“人彘”惨案

汉王十二年(前 195)五月十七日，刘邦的葬礼刚刚完毕，吕后就迫不及待地利用太后的权力，对戚夫人及其儿子刘如意进行惨绝人寰的报复。她先是命人将戚夫人投入永巷（永巷本是宫中民巷的意思，但此处永巷指宫中监狱，专门用来幽闭有罪的嫔妃）。

戚夫人被投入永巷后，按照吕后的吩咐，被残忍地拔掉所有的头发，穿上褐色囚衣，脖子上系着一条铁链，拴在一棵树桩上，从事繁重的舂米苦役，每天有规定的数量，完不成数量不让吃饭，不让睡觉……昔日刘邦的爱妃，在刘邦死后却遭受如此

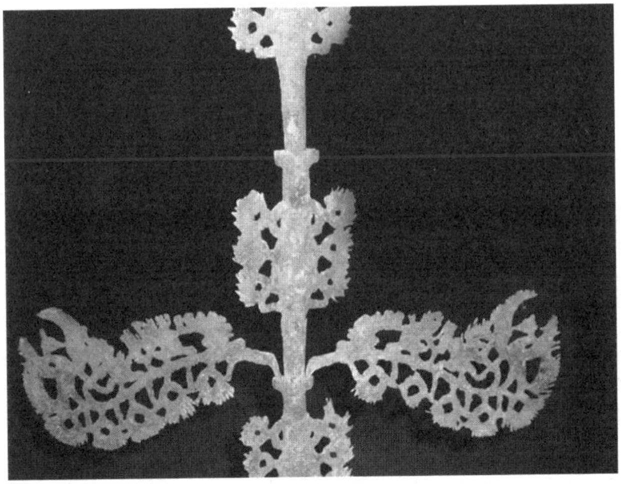

汉代摇钱树

说唱陶俑

的待遇。

有一天，戚夫人一边舂米，一边哀伤地唱歌："子为王，母为虏。终日舂至暮，常与死为伍！相隔三千里，当谁使告汝?"

不久，下人把这首歌告诉了吕后，吕后听后大怒，骂道："你还仗恃你的儿子是王不成？看我怎么整治你的儿子，叫你无依无靠。"吕后对她的仇恨很深，说得出，做得到，先后三次派遣使者前往赵国，诏令赵王刘如意回长安给皇帝请安。

吕后的儿子惠帝刘盈和吕后正好相反，为人仁慈厚道，听说赵王刘如意正赶往长安，心头一惊，料想赵王一到，自己的母亲一定不会放过他，于是亲自带人到灞上迎接赵王，领着他一起入宫晋见太后，太后见皇帝在就没有下手，随后刘盈将刘如意带回了自己的寝宫。自此以后，刘盈和刘如意一起玩耍，同吃同住，吕后虽然想加害刘如意，一时也找不到合适的机会下手。

惠帝元年(前 194)十二月的一天，惠帝本想带如意一起出城打猎，但早晨起来以后，见弟弟睡得正香，就没忍心把他叫醒。但没想到吕后一直没有死心，早在刘盈身边安排了卧底，很快就把赵王一人独居的消息通报上去。吕后命人在饭中下毒，等惠帝打猎回来，刘如意已经七窍出血，死在床上。惠帝追悔莫及，抱着如意的尸体痛哭一场，命令按王的标准安葬刘如意，追封为“赵隐王”，寓含他的才华被隐没了，没有发挥出来就过早地遭暗算。

刘盈对此事非常气恼，他尽管知道谋害弟弟的元凶就是自己的母亲，但还是坚持暗中派人查明杀人凶手。

吕后毒死刘如意后，并没有罢手，又想尽办法残害戚夫人，在她看来，直接杀了戚夫人是对她的恩德，太便宜她了。她让人把戚夫人的手脚剁掉，药哑喉咙，熏聋双耳，挖去眼珠，然后扔进一瓮里，名曰“人彘”。每日照样给吃给喝，就是不让她死掉，要让她活活受罪。过了数日，吕后派人召见刘盈到永巷去观看“人彘”，以壮其胆量。惠帝刘盈不知“人彘”为何物，怀着好奇之心前去观看，跟着宦官来到永巷。宦官指着瓮中的一个怪物说：“陛下，这就是‘人彘’。”惠帝小心翼翼朝里边望去，但见一个全无手足、血肉模糊的肉团佝偻在那里，光秃秃的躯体上，有两处早已结了疤的血窟窿，下面长着一张嘴，却发不出任何声音，上面还有几条白白胖胖的肉蛆在那里爬来爬去。惠帝看了一眼之

汉代玉佩

后心里胆怯，但又想知道这个从外形上看是个人的“人彘”是男是女，于是换个角度仔细观看，这才从裸露的乳房上分辨出是一个被伤残的女子，忙问身边的宦官是谁用这么恶毒的手段加害此人，她犯了什么错误？此人是谁？宦官哪里敢说是戚夫人，唯唯诺诺躲避刘盈的问题，刘盈看出他的心思，赦他无罪，宦官才轻声轻语地说出三个字：“戚夫人！”惠帝一听，当场晕厥过去，被抬回寝宫之后，神智恍惚，一会儿心中刀绞一般疼痛，只觉满腔悲愤，无处可申；一会儿又觉得五脏六腑上下翻滚，作呕欲吐，但又吐不出来，连续几天不吃不喝，时而哭，时而笑，如痴如呆。

从此以后，刘盈整天沉湎于酒色之中，不再过问任何政务，西汉大权就理所当然地落到吕后手中。

三、吕后执政

汉惠帝刚满十七岁时就登上皇位，天生性格软弱，没有太大野心，身体又不太好，这样吕后就渐渐掌握了朝中的大权。她本是个阴险奸诈、心肠狠毒的人。她曾经用毒计帮助刘邦杀了韩信和彭越，对刘邦清除异姓王起了很大作用。掌握朝中的大权以后，她开始对刘氏子孙动手。刘如意是她第一个对象，如果说对付刘如意是为了之前的仇恨的话，那之后所做的事情就是为了和刘家争夺天下了。

刘盈自从经历了刘如意被害和戚夫人被母亲残忍地变成“人彘”之后，就无心管理朝政，天天喝酒作乐，到他继位的第七年八月就在忧伤中死去了，死时年仅二十四岁。

汉惠帝的张皇后一直没有给他留下后代，吕后让人从宫中一个美人那里抱来一个婴儿，谎称是惠帝的儿子，为了避免以后那个美人给她造成威胁，形成她一家独大的局面，下令将那个美人给秘密杀害了。这个婴儿被吕后推上了皇帝的宝座，历史上称为少帝。

之后，她想封吕家的人为王，由于有刘邦在世时的“白马之盟”的约定，她又怕大臣们反对，于是就征求右丞相王陵的意见，王陵是个心直口快的人，他当场表示反对，对吕后说：

汉代皇后之印

“不行!高祖在世的时候，曾经杀白马订盟约，规定不是刘家的人不得封王，没有功劳的人不得封侯，谁不遵守这个盟约，天下人可以共同讨伐他!如今您要封吕家的人为王，这是违背盟约的，我不能同意!”吕后听了这话，脸上立即挂了一层霜，冷冷地看着王陵，但王陵用先皇的话来压她，她也没有办法说什么。陈平和周勃见吕后神色有变，两个偷偷地交换一下眼色，为了保住王陵性命，互相微微点头，齐声说道：“高祖皇帝平定天下，曾封子弟为王，今皇太后掌管朝政，分封吕氏子弟又有什么不可呢?”吕后听了这番话后，立即转怒为喜，心里美滋滋的，脸上有了笑容。

但吕后并没有因为周勃和陈平的间接求情而放过王陵，而是免掉了王陵右丞相的职务，叫他去做少帝的老师，陪少帝读书。王陵听到这个决定后觉得吕后过于专权，非常生气，就假说自己有病，告老还乡去了，这正中吕后下怀，她立即把左丞相陈平升为右丞相，把自己的亲信审食其提升为左丞相。

随后，吕后找人向大臣们放出口风，称赞自己的侄子吕台如何如何能干，意思是想叫大臣们出来赞成封吕台为王。由于王陵被她踢走了，朝中正直的大臣也常常托病在家。有前车之鉴，没有人再敢违背吕后的意思，因此，大臣们顺从了吕后的意见，为吕台请封，吕后就顺着台阶下来，把吕台封为吕王，把济南郡作为他的封国。不久，吕台死了，他的儿子吕嘉继为吕王。吕后见朝中无人直接公开反对，便放开手脚，一口气又封了好几个王侯，封吕产为梁王、吕禄为赵王、吕台的另一个儿子吕通为燕王，还封了六个吕家人做列侯。

就这样，由于吕太后的专权，吕氏家族稍有能力的人都个个被破格提拔。这样她还不满足，为了防止以后刘吕两姓互相争斗，就想出了一条亲上加亲的政策。她把吕禄的女儿嫁给齐王刘肥的二儿子朱虚侯刘章，又让赵王刘友、梁王刘恢娶了吕氏妻子，认为这样可以使刘吕两姓相处无事。这样起到了一举两得的效果，除亲上加亲外，还起到了监视刘家动向的作用，现在回味历史，我们不得不佩服吕后的谋略和眼光，不费一兵一卒，就霸占了刘家用鲜血打拼出来的江山。

随着少帝渐渐长大，懂了一点宫中的事情。他听说刘盈的妻子张皇后不是他的亲生母亲，吕后不是他的亲祖母，并且知道亲生母亲已经被吕后害死了之后，就愤愤不平地说："太后怎么杀了我的母亲？我现在还小，将来长大了，一定要替我母亲报仇!"以吕后的为人，听到这种话怎么还能让他安稳地坐皇位，她暗暗地骂道："好个毛孩子！看来你是活得不耐烦了！"她就找个机会把少帝偷偷杀害了。又从宫中找了一个名叫刘弘的小孩子来做皇帝，也称少帝。这个刘弘连个年号都没有，他不过是吕后手中的玩具，朝中大权完全由吕后控制。到此为止，吕太后和她的家族，已经把刘姓的天下给篡夺了。

四、周勃灭诸吕

正像刘邦说的一样，“将来安定刘家天下的，还是得靠周勃”。

吕后在朝中肆意横行，早已经激起了刘氏家族的不满，但由于她势力强大，不得不忍气吞声，他们期待着一个机会来光复刘氏江山。

吕太后临朝的第八年，她得了一场重病，刘氏家族看到了机会，但这个机会又差点被将死的吕后破坏。她临死之前做了最后的部署，把主要的兵权都控制在吕氏手中，封赵王吕产为相国，统领南军，吕禄为上将军，率领北军，并且叮嘱他们说：“现在吕氏掌权，大臣们都不服。我死了以后，你们一定要带领军队保卫宫廷，不要出去送殡，免得被人暗算。”这样一来，周勃虽为太尉，但手中却没有一点兵权。

吕太后死后，京城附近的兵权都在吕产、吕禄手里。刘氏家族想发动铲灭吕氏的暴动，但是一时实力不够，还不敢动手。

刘章看出了吕家的打算，认为只有借助被封在外的刘氏诸侯王的势力才能解决吕氏，他派人去告诉他哥哥齐王刘襄，约他从外面发兵打进长安来。

齐王刘襄带兵西进，吕产得到这个消息，立刻派将军灌婴带领兵马去迎敌。灌婴一向对吕氏的所作所为看不顺眼，现在又要和刘家军队战斗，心中很是不快，他带兵到荥阳，就跟部将们商量说：“吕氏统率大军，想夺取刘家天下。如果我们向齐王进攻，岂不是帮助吕氏叛乱吗?”经过大家商量，决定按兵不动，还暗地里通知齐王要他联络诸侯，等待时机成熟，一起起兵讨伐吕氏。齐王接到通知，也就暂时按兵不动。两边形成对垒局面，迷惑他人。

周勃、陈平已经估计到吕氏要发动叛乱，之前他们忍气吞声，是想保住刘家命脉，如今吕氏已死，他们决定先发制人，但是兵权在吕氏手里，怎么办呢?

他们想到大臣郦商的儿子郦寄和吕禄是好朋友，就派人要郦寄去劝说吕禄：“太后死了，皇帝年纪尚小，您身为赵王，却留在长安带兵，大臣们都怀疑您要谋反，这样对您不利。如果您能把兵权交给太尉，回到自己封地，齐王的兵有可能就会撤退，大臣们也就心安了。”吕禄相信了郦寄的话，把北军交给太尉周勃。

周勃像

周勃拿了将军的大印，迅速跑到北军军营，向将士们下了一道命令："现在吕氏想夺刘氏的天下，你们看怎么办？帮助吕家的袒露右臂，帮助刘家的袒露左臂。"北军中的将士本来都是跟着刘家打天下的。命令一传下去，一下子全脱下左衣袖，露出左臂。就这样，周勃顺利地接管了北军，把吕禄的兵权夺了过来。

吕产还不知道吕禄的北军已落在周勃的手里，他跑到未央宫想要发动叛乱。周勃派朱虚侯刘章带了一千多兵士赶来，把吕产杀了。接着，周勃带领北军，把吕氏的势力消灭了。

到这时候，大臣们看吕氏家族已经覆灭，胆子就大了起来，他们纷纷说："从前吕太后所立的皇帝不是惠帝的孩子，现在我们灭了吕氏，让这冒充的太子当皇帝，长大了不是吕氏一党吗？我们不如再在刘氏诸王中推个最贤明的立为皇帝。"

大臣们商议后，认为代王刘恒在高祖的几个儿子中，年龄最大，品格又好，就派人到代郡(今河北蔚县)把刘恒迎到长安，立为皇帝，这就是汉文帝。

吕氏家族随着吕后的去世，在很短的时间内土崩瓦解，汉朝江山又回到刘氏手中，这个被推上皇位的刘恒，成为了中国历史上最为贤明的皇帝之一，他开创了汉朝开国以来的盛世——"文景之治"。

点　评

在汉朝历史上，这是一个重要的转折点，吕后专权也是中国历史上第一次由女性直接把持朝纲，并且几乎形成改朝换代的政治变动，由此可以看出吕后在当时的政治影响力。刘邦去世之前为了防止她篡权，特意订了一个"白马之盟"，但到吕后这里，一点作用都没有，不但封非刘氏家族者为王，还直接残害刘氏后代，其狼子野心昭然若揭。

吕后去世之后，吕家立刻土崩瓦解，这一方面更加显示了吕后当时的政治威慑力，一方面也显示出封建社会的传统思想，当时的人们从骨子里不能接受由一个女性把持政权并改朝换代。

也正是因为这样一次变动，让刘家天下更加稳固。从刘邦诸子中重新推举的新皇帝也为汉朝带来了一个太平盛世——“文景之治”。

相关链接

周勃小传

周勃(?—前169)，西汉文帝时期的丞相。祖籍为卷(今河南原阳西南)，后徙居沛(今江苏沛县)。是高祖刘邦的同乡，更是他手中一位璀璨的将星。

周勃出身贫贱，青年时期以给富人织箔(蚕具)为生，有时候也帮办丧事之家吹箫奏哀乐，赚点小钱。他身强力大，为人质朴敦厚，比较死板，不喜欢说话，从刘邦起事之日就跟随刘邦。虽然没有非常大的功劳，但他办事牢靠，值得信赖。所以刘邦临终的时候把他作为汉朝危急时刻的救命稻草，他也不负众望，拯救了汉室江山。

周勃一生追随高祖，平定韩信、陈豨和卢绾的叛乱，官至太尉，曾经由于政治原因被免职，惠帝六年又被任命为太尉。

吕后死后，周勃与陈平定计，诛杀企图夺取政权的吕产、吕禄等人，立刘邦之子刘恒为文帝。文帝元年(前 179)周勃官至右丞相，赐金五千斤，邑万户。居十月，发现自己才能不够，辞去了职位。次年，丞相陈平去世，他继续担任丞相一职。后来由于政治变动，他怕被牵连，在家中也常常穿着战袍。

后来有人上书说周勃要谋反，被抓捕，经薄太后为之开脱得释，恢复了爵位。文帝十一年去世，死后封武侯。

文、景两位皇帝的改革，确实促进了社会的发展，但是也触动了一些人的利益。

第四章 文景之治与七王之乱

刘恒当上皇帝之后，采取了一系列有利于人民和国家发展的措施，他的儿子汉景帝继承了文帝刘恒的发展政策，在他们父子俩的共同努力下，开创了中国封建社会第一个盛世——“文景之治”，但也同时付出了惨重的代价，景帝采取谋臣晁错的建议，但却引起其他诸侯王的叛乱……

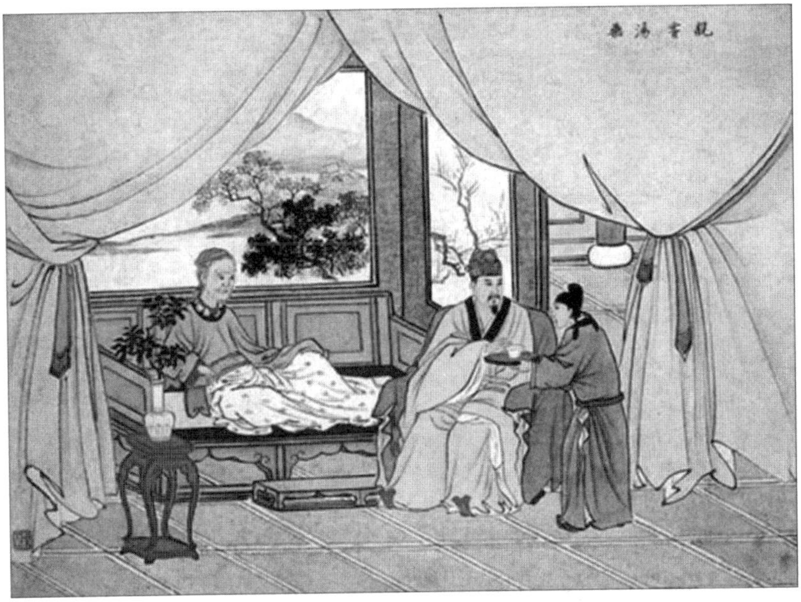

一、帝位之争

在诛灭吕后的政治斗争中，刘恒没有丝毫功劳，最终怎么会当上皇帝了呢？刘恒又是怎么在吕后对刘家子孙的诛杀中保存下来的呢？带着这样的谜团，我们回味汉朝那段风起云涌的历史，当我们对刘恒的身世了解之后，一切就都迎刃而解了。

公元前 204 年，当时的汉王刘邦率军打垮了魏王豹，按照当时的习俗，掠夺了魏王豹的宫人侍女，并且让她们负责织布的劳役。但这些织布的劳役也有可能与皇帝有床第之欢，在那样的情况之下，所有的侍女都期待着这样一天的到来，她们每日依然装束打扮，期望能得到上面的认可。

有一次，刘邦例行公事来到织布之处巡查，在人群中看见一个女子长得清秀沉稳，娇柔可爱，刘邦本来就是一个好色之徒，就把她带回了自己的后宫。这个女子姓薄，是她父亲和魏王宗室的魏氏女子私生下的孩子，在当时地位相当低，当她被汉王带回宫后，以为出头之日就要来临了，所以非常高兴。可是没想到，忙于战争的刘邦转身就把她忘掉了。

有一次打了胜仗，刘邦的心情很好，就传令下去找来几个妃子和他们一起饮酒作乐。其中的两个美人和薄氏女子都是刘邦从魏王豹那里抓来的，她们本来是很好的姐妹。在还没有发达之前，三个女孩子曾经相互约定过，“富贵莫忘故人”。

可是，这两个女子一心只想追求荣华富贵，无力践约也忘记了当初的约定，就把这个约定当作笑话讲给了刘邦听。真是说者无意，听者有心啊，或许正是她俩这个笑话改变了汉朝的历史，也缔造了一个伟大的皇帝。刘邦听了之后，动了恻隐之心，觉得那个薄氏女子很可怜，于是就决定当天晚上召幸她，让她沐浴一下自己的龙恩。

薄氏女子刚刚进宫时一直期待刘邦能召幸于她，但经过漫长的等待，已经彻底失去了信心，看到别人夜夜欢声笑语，备受恩宠，可自己这儿却是冷冷清清，一个人苦熬着漫漫长夜。想到这些，薄氏女子就常常泪流满面。突然听到刘邦驾临，让她不知所措，竟也来不及装扮自己。她战战兢兢地起身欢迎，刘邦看到这个女子干枯瘦弱的身材，哭肿的双眼，连最基本的装束都没有，顿时兴趣索然，转身就想走。这时，薄氏女子可能是等待太久的结果，就鼓足勇气，拉住了刘邦的衣袖，跪在地上禀告说昨夜梦见苍龙缠绕着自己的身体，自己竟与龙交合起来，她问刘邦此征兆是何意义？刘邦这时正处在与霸王项羽争夺天下的关键时刻，听了薄氏的话，

西楚霸王项羽刻下的神秘字符

就图一个吉利，留了下来，就是这短暂的一夜恩情，薄氏竟然产下一个男孩，他就是后来的文帝刘恒。

虽然如愿地生了贵子，在母以子贵的封建社会，薄氏并没有如自己当初想象的一般，攀龙附凤，彻底改变自己低贱的身份地位，她仍旧是个姬妾，没有当上妃子。而刘恒也因为母亲不受宠爱的原因，很少与父亲见面，更不用说与其沟通，自然也不被刘邦喜爱。母子二人一直在宫中小心谨慎地生活。

刘邦一共有八个儿子，其他孩子在吕后时期的结果都很不幸，唯独刘恒因为薄姬不受宠，没被吕后嫉恨，母子两个反而因此得以保住了性命，这或许就是天意。

大风歌碑

无论薄氏是否受宠，刘恒终究是刘邦的儿子，这是谁也抹不去的血缘关系。所以，汉王十一年，只有八岁的刘恒就被立为代王，封国在今山西中部。虽然在当时这是偏远地区，也恰恰是这样使得他们母子及早地远离了政治中心，与汉廷的权力斗争没有多少牵连。在吕后死后，周勃平息叛乱，大臣们商量准备把大权重新还给刘家掌管。众大臣推选皇位继承人是经过综合考虑的，否定了齐王刘襄、淮南王刘长，最后一致推举了代王刘恒。就他的这种边缘人的特殊身份，得到太尉周勃、丞相陈平等功臣集团和其他没有希望得到皇位的刘氏宗室的一致赞同，超过觊觎帝位，并首先起兵声讨诸吕的齐王刘襄。这其中的原因相当复杂，除了刘恒为人宽厚仁孝外，他的母家(即薄姬母家)没有任何势力，绝对不会出现外戚专权的现象。另外，所有刘氏子孙中只有刘恒背景最为单纯，他当上皇帝不会对任何人造成威胁，就是在这些诸多复杂原因之下，刘恒成了最终的受益人，从此登上了皇帝的宝座。

二、文景之治

汉文帝刘恒，是我国历史上著名的皇帝，也开创了我国封建时代的第一个盛世——“文景之治”，他不但能够坚持原则，驾驭群臣，更明白做君主的方法，很有政治才能。他的统治为汉王朝的巩固发展奠定了基础，在两千多年的封建政治史上颇具特色，因此被誉为一代圣明的君主。

文帝继承了汉初以来的休养生息政策。他首先修改了苛酷的刑罚，让秦王朝遗留下来的过分紧张的政治局势得到了有效缓解，在这种政治制度下，生产得以恢复和发展。

汉家天下，文景之治

文帝元年废除了封建社会普遍采用的一人犯罪，父母家属连坐的法令。文帝二年，鉴于很多人都不敢说出自己的想法，怕触犯法制，对于广开言路阻碍很大，他毅然决定废除诽谤妖言罪。又在十三年废止割鼻、断足等残害肢体的肉刑，代之以较为

汉代田园遗址

人性的笞刑。文帝还规定罪犯服劳役有一定的刑期，凡不逃亡而服刑期满的，可免为庶人。改变了自古以来“万民之一有过被刑者终身不息，及罪人欲改行为善而道无由至”的传统制度，这或许就是当今刑法最早的雏形。制定这些措施是为了爱惜和保护社会劳动力。文帝采取了很多类似这样的措施，对稳定民心，加快经济繁荣起到了很大的作用，由于人人都有事可做，有衣可穿，有饭可吃，社会治安也得到了很大的改善，刑事案件大为减少。据说一年只有几百件，社会治安几乎达到了儒生们理想的西周盛世的水平。这同秦王朝末年的残酷景象形成鲜明对比，也正是“文景之治”得以出现的前提条件。

另外，文帝和景帝都很注重农业发展，并且一再强调：“农，天下之大本也，民所恃以生也。”他们恢复农耕，鼓励开垦荒地，另外，为了减轻老百姓的负担，多次减免田租，有时减一半，有时候就全部减免了。他们还减少长安的部队，压缩皇室的供应，把省下来的物品资助政府的驿站。

文帝一方面减少老百姓的压力，另一方面还严格要求自己。他在位二十三年，没有兴建任何宫殿，还经常把暂时用不上的皇家园林拆除，将土地赐给平民。有一次他打算修一座露台，工匠做预算说要花费百金。他听了便责怪自己说："百金是十户中等人家的全部资产啊！我能享用先帝留下的宫室就已经感到不配而羞愧，还修露台干什么！"然后告诉工匠，马上作罢。

其实在当时的经济条件下，修建一座那种规格的露台根本不算什么。他一生简朴，经常穿用劣质的布料缝制的衣服，就连他最爱的夫人，穿衣服也不许长裙拖地，他认为这是一种浪费。修建陵墓更是不用金银贵重物品殉葬，只用些老百姓都用得起的陶器，建筑也尽量省工。临死时下遗诏说："天下万物有生就有死，不必过于悲伤，丧事一切从简。"并且将宫中大部分美女放回家中与父母团聚。在他的带动之下，全朝文武百官都遵循节约原则，老百姓更是如此。

二十四孝图

文帝之后的景帝刘启大体上继承了父亲的执政策略。他下诏允许农民自由迁徙到地广人稀地区去从事垦荒，还规定男子二十岁开始服徭役，比过去推迟几年，这样就能为社会多留一些青壮劳力，以便于发展经济。

由于文景期间几十年的休养生息，汉代社会经济有了较大的恢复和发展。尽管政府不断减轻租赋，国家仍然积聚了大量财富。到汉武帝继位之初，京城的各个府库装得满满的，据说钱库里的钱多得数不过来，串钱的绳子由于长久不用，都年久朽断了，铜钱散落遍地几乎无法清点。太仓里的粮食旧的还没有用完呢，新产出的粮食就又储存进来了，装不进仓库的只能堆在仓外，很多都被风吹雨打坏掉了。民间普遍养马，田野布满马群，这同汉王朝初建时那种窘困现象是截然不同的。

正是文、景两位皇帝的努力，才使得汉朝根基得以稳固，人民安居乐业，一片繁荣景象，为汉武帝开拓疆土、通使西域奠定了坚实的基础。

三、七王之乱

在汉朝初年，高祖刘邦在铲除韩信、彭越、英布等异姓王的过程中，为了巩固自己的政权，大封同姓子弟为王。同姓王在最初的时候只有几个，到了汉文帝年间，已经增加到十多个，其中领地最大的有齐、楚、吴、荆、燕、淮南等。

这些诸侯国所占领土的总面积，合起来占西汉帝国土地的大半。并且他们在政治上、经济上也拥有很大的支配权，可以自己铸造钱币，具有相对独立性，可以说就是国中之国。而由汉朝皇帝直接统辖的地区，仅仅只有十五个郡，并且这十五个郡当中，还有很多列侯和公主的领地，真正属于皇帝管辖的地区，也就只有十个郡左右。这样的局势让很多朝廷中的有识之士深感不安，他们意识到这一社会现象的严重性，认为到了非从根本上解决不可的时候了。

早在汉文帝的时候，梁太傅贾谊就上书《陈政事疏》(即著名的《治安策》)，指出如今天下的形势就像一个患肿病的人，小腿胖得几乎和腰一般粗细，一个指头就能像腿那么粗了，坐在地上都不能伸屈，一两个指头疼痛起来，全身就会难以忍受，如果不及时救治，必将成为痼疾。因此，贾谊提出“众建诸侯而少其力”的对策，也就是在现在的诸侯国里建立更多的诸侯，让他们势力慢慢变小，以达到不能危害朝廷的地步。然而，当时汉文帝正用心于稳定政局，恢复和发展社会经济，形势不允许他与诸侯王公开对抗。

在诸侯王国建立初期，各国经济实力比较薄弱，一时无力与汉廷分庭抗礼，而且当时多数诸侯王年龄还小，不具备谋反之心。刘邦死后，汉王朝大力推行黄老无为而治，对稳定政局、恢复经济起了很大的作用。但是它同样为诸侯王势力、地方豪强势力的发展，提供了良好的土壤。经过近二十年的休养生息，诸侯国的经济力量有了比较大的发展。到了汉文帝时期，羽翼日趋丰满的诸侯王势力，异心倾向日益明显，终于发展成威胁汉廷稳定的政治势力。

当初，文帝在位时，吴国刘濞就有反叛之心，为了麻痹朝廷，就把太子刘贤送来长安与皇太子刘启陪读，闲暇时间也陪皇太子刘启饮酒下棋，当时两人年轻气盛，互不服输，吴太子言语之中流露出不敬之意，皇太子一气之下就拿起棋盘砸向吴太子。

汉景帝刘启陵

事后，汉朝廷把刘贤的棺柩送回吴国安葬，到了吴国，吴王刘濞愤怒地说："天下刘姓同为一家，既然我儿子死在长安就葬在长安，为什么一定要送回来葬!”赌气之下又把棺柩送回长安埋葬。吴王从此开始更加不遵守诸侯对朝廷应有的礼节，假称有病，长年不去京师朝见。朝廷知道他是因太子被杀的缘故，就审问吴国使者吴王到底是否有病，吴王恐惧之下准备反叛。后来到秋天，又派人去长安代表自己朝见皇帝。文帝又查问吴王不朝见的事情，吴国的使者回答说：“吴王确实没有病，汉朝廷几次扣押吴国使者，吴王非常恐惧，所以才不敢前来。有句谚语说：‘水至清则无鱼。’希望陛下原谅他以前的过错，给他重新做人的机会。”为了稳定大局，文帝赦免了吴国全部使者，放他们回到吴国，同时赐给吴王几案和手杖，以示他年老，可以不来朝见。

晁错曾就这件事情多次上书，讨论吴王的过失，他认为应该削减他的封地。文帝为了百姓的安乐，不想引起事端，就没有处罚他，因此吴王日益骄横。

皇太子刘启做上皇帝以后，也就是景帝时期，晁错劝谏景帝

晁错墓

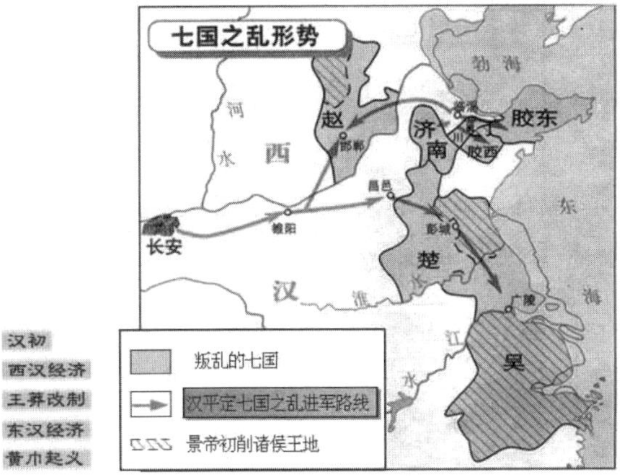

七国之乱形势图

应该削除诸侯国，他说：“吴王因以前吴太子事情假装生病，不来朝见，按照古代的法律，应该处死。文帝当时不忍心，还赐给他几案、手杖，对他的恩德如此深厚，应该改过自新，但是他反而更加骄横放肆，仗着辖区之内铜矿多，就开山铸造钱币，煮海水制盐，并且包庇天下亡命之徒，其他各个诸侯国到其境内抓人，都不予理睬，明显有聚集贼人，谋反作乱之嫌。现在削夺他的封地他必定反叛，即使现在不削夺他的封地，以后也要反叛。削地，他反得快，但祸害小；不削，等到日后翅膀更加强硬，准备更加充分，祸害会更大。”

关于消除诸侯国的争论很快在朝野上下传开，晁错的父亲听到后，从颍川来到长安，对晁错说：“新皇帝刚继位，你掌握朝廷大权，削夺诸侯王封地，疏远人家刘氏骨肉，天下舆论多是憎恨，这对你有什么好处呢?”晁错说：“固然如你所说，但不这样，天下将不会长久稳定啊。”他父亲说：“刘氏的天下经过文帝努力，刚刚安定几年，你现在这么做，必定激起刘氏王侯的憎恨。或许这样刘家天下能得到长久稳定，但晁氏却危险了，我离开你先去了。”于是服毒自杀，说：“我不忍心亲眼看到晁家大祸临头啊!”

吴王刘濞知道“削藩”这个消息之后，知道自己会首当其冲，因此再次策划谋反。他知道以当时自己单独的实力不足以和汉朝相抗衡，但如果把其他诸侯王拉拢在一起，那么汉朝的力量就会变得很小，应该能反叛成功，所以他先派中大夫应高联络刚被削夺封地的胶西王刘卬。在应高的安排之下，悄悄与胶西王刘卬面谈此事。刘卬的领地已经被削减一部分了，见有人张罗谋反，表示愿意参加。刘濞随后又派人约定齐王、淄川王、胶东王、济南王一同起兵。当时，楚王刘戊因被削夺封地，与刘濞早就通谋反叛。至此，七王已经准备好谋反的联络工作，诸侯王势力联合与汉廷的公开对抗，已经是剑拔弩张了。

汉廷削夺吴国会稽、豫章郡的诏书刚刚下达，刘濞当即诛杀自己辖区里的汉吏，举国之兵力二十余万人于广陵(今江苏扬州市)起兵反叛。他们为了掩人耳目，避免背上叛贼的名义，向大众散播“清君侧、诛晁错”的告书，遍告各诸侯国，以便合兵西攻。消息传来，胶西王刘卬、胶东王刘雄渠、淄川王刘贤、济南王刘辟光、楚王刘戊、赵王刘遂等，也都起兵配合。以吴王刘濞为首的“七国叛乱”终于爆发了。

吴王刘濞发动叛乱后，先率军西渡淮水与楚军会合，然后向西挺进，攻打当时皇帝的亲弟弟梁王的封地梁国，先破棘壁(今河南永城西北)，杀数万人，气势十分凶猛。梁王派兵迎击，结果梁军大败，士兵纷纷逃亡。梁王只好退守睢阳(今河南商丘南)，等待朝廷的救兵到来。当时梁王的封地物产丰富，兵强马壮，更值得一提的是，由于他母亲窦氏溺爱，他的城墙建得和长安的城墙一样高，这样才使他的防御作战支撑了很久。

话又回到文帝驾崩之前，曾告诫太子说：“如果国家有危急情况，周亚夫足以胜任统帅职责。”等到七国反叛文书传来，景

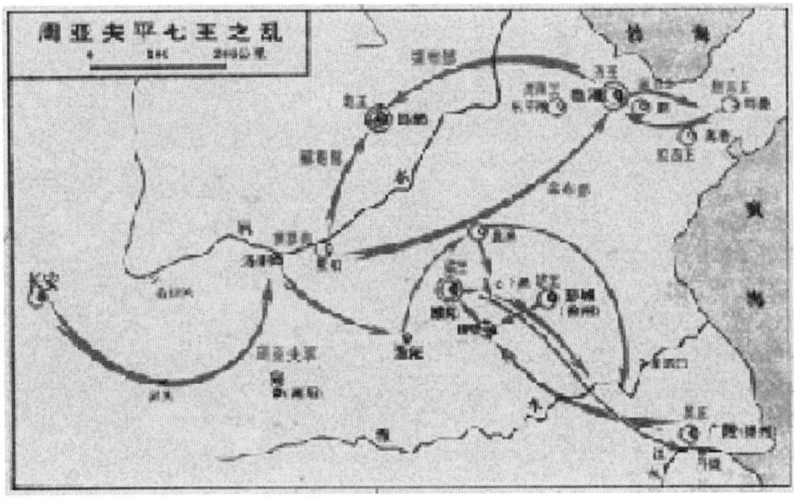

周亚夫平七王之乱

帝想起了文帝的告诫，任命廷尉周亚夫为太尉，统率三十六位将军，前往迎击吴、楚联军，缓解梁国被围的危险，遣曲周侯郦寄出击赵国，将军栾布攻打齐国，又召回之前离开朝廷的窦婴，让他驻守豫阳，全盘监督齐、赵两地的军事。按照当时的情况，这番军事部署虽然无懈可击，但是汉景帝对于军事力量不是非常信任，摇摆不定，给了袁盎以借刀杀人的机会。

袁盎曾经是吴王刘濞的丞相，与刘濞关系非常密切。汉景帝继位，晁错为御史大夫，对袁盎接受刘濞的财物给予严厉的惩处，并且使其离开朝廷，赋闲在家。吴楚叛乱发生，窦婴想通过谈判的方式解决这次叛乱，就推荐袁盎到景帝面前，但袁盎却没有执行他的意思，对景帝说，晁错削夺诸侯王封地，才引起这场叛乱。只要杀了晁错，赦免吴楚七国，恢复原来封地，叛乱即可平息。汉景帝当时只想平息叛乱，就相信了袁盎的话，并以“大逆无道”之罪，腰斩晁错于东市。但是景帝杀了晁错，吴楚七国并未罢兵。当时就有人提醒景帝说，刘濞他们以诛晁错为名，其实只是一个借口，目的是为了皇帝的位置。晁错成为这场斗争的牺牲品。有人上书说，这是对内杜绝忠臣的直言，对外为诸侯王报仇的举措啊！景帝知道情况后也非常后悔："你说得对，我也很后悔!"

这个时候，吴、楚两军正在继续攻梁，梁国是朝廷当时最后的屏障，梁若保，则汉朝保，梁若亡，汉朝的处境就非常危险了。周亚夫率军至昌邑，梁王几次求救，他都置之不理，因为以他对梁王及其军队的了解，还能支撑吴、楚的进攻。周亚夫派弓高侯韩颓等，将轻骑兵出淮泗口，堵住吴、楚军的退路，又切断叛军的粮道。在昌邑城南深挖沟、高筑墙，遏制吴兵北进，确保朝廷安全。吴兵发现不能北进，只好向西进攻睢阳。可是打了两个多月的消耗战，战况毫无进展，军心逐渐低落。吴军士卒粮绝饥饿，想速战速决，几次挑战，周亚夫始终坚壁不战，以消敌锐气。

周亚夫像

周亚夫看准反攻的时机，立即命令全部精锐部队分四路出击。经过一场战斗，就把骁勇一时的吴、楚联军打得落花流水。吴王刘濞想当皇帝的美梦随着战事的变化破灭了，他带着自己的儿子和几千士兵，趁夜突围往江南逃跑，投奔了越国，想去联合东越兵卷土重来。没想到，周亚夫早已在全国悬赏一千斤黄金购买他的脑袋，所以东越人不但不帮助他，反而乘机杀了他，把他的脑袋献给了周亚夫。吴王的儿子刘驹，逃到了更南边的闽越地区。楚王也在兵败后自杀身亡。

不久，汉将栾布等人率兵到达齐国，击破三国叛军，解除了临淄之围。胶西王刘卬兵败自杀，胶东王、淄川王、济南王则被汉廷处死。

郦寄率领军队到达赵国，刘遂退守邯郸城。郦寄连攻数月不下。后来栾布破齐之后，移师邯郸，并引水灌赵城，赵王刘遂自杀。至此，这场持续了三个月的七国叛乱，最后以失败而告终。

汉景帝平息七国叛乱后，吸取教训，采纳了当初贾宜和晁错的方针，分而化之各个诸侯国。将吴、赵等诸侯国分割成几个小国，大大削弱了它们的力量。同时，规定诸侯王不得“治国”，将王国官吏的任免权收归汉廷，诸侯王只能在自己的封国征收租税，不许干预地方的行政，权力大大削弱了。又裁减王国的御史大夫、廷尉、少府等职官，剥夺和削弱了诸侯国的政治权力。从此，诸侯王只衣食租税，王国几乎与郡县相仿，再也翻不起浪花了。

从那以后，统一的集权制度战胜了地方割据势力。从此，汉朝才真正成为一个统一的封建帝国，社会进一步得到安定，经济和文化的发展才有了可靠的保障，对维护西汉统一起了一定的作用，也为汉武帝加强封建中央集权打下了基础。汉初推行的诸侯王国制，至此发生了明显的变化，但是诸侯王势力并未彻底解决，以致后来汉武帝不得不采取更加严厉的措施。

点评

文帝刘恒从小没有受到皇子应有的宠爱，这也让他更加了解老百姓的疾苦。因此，做上皇帝之后，他采取了一系列利国利民的措施，安抚百姓，发展生产，这对汉朝经济的发展起到了巨大的推进作用。在他儿子刘启，也就是景帝当上皇帝之后，继续推行“休养生息”的措施，使得汉朝的经济走上了一个高峰，共同开创了封建社会第一个太平盛世——文景之治。

在经济繁荣的背后掩盖了政治上的一个弊端，正是经济的繁荣使得这个弊端的危害越来越大。诸侯王各自占有一方政治、经济大权，并且自己掌握军队，很容易形成割据的局面。在朝中有识之士的推动下，让他们的真实面目显露出来，虽然经过一番努力平息了叛乱，但是所采用的方法只起到了暂时缓解的作用。

其间，腰斩晁错，被后来的史学家称为“中国历史十大冤案之一”。

总的来说，从历史的进程来看，文、景两位皇帝贡献卓著，他们不但发展了经济，还加强了中央集权，推进了历史的发展进程。

相关链接

贾谊小传

贾谊(前 200—前 168)，西汉时期的洛阳(今河南洛阳东)人。当时称为贾生，十八岁时，就能诵诗书，擅写文章，在当地非常有名。河南郡守吴公听说他的才能，将他召至门下。吴公后来官升至廷尉，将他推荐给了文帝，文帝欣赏他的才能，让其做博士，那年他才二十多岁，可谓少年得志，后来官居太中大夫。他主张改变政治制度，削弱诸侯等其他大臣的势力，被周勃、窦婴等重臣排挤，无奈被贬为长沙王太傅，后又为梁怀王太傅。

贾谊对当时政事非常清楚，知道诸侯国对朝廷的危害，曾多次上书加以抨击并提出建议。他认为要用“众事诸侯而少其力”的办法，来削弱诸侯王势力，维护和巩固中央集权。他主张对匈奴贵族的攻掠要改变以往和亲的政策，要给予有力的抗击。并且强调重农抑商，认为“积储”是“天下之大命”，国家与个人都应有相应的积蓄。根据当时各个诸侯国都能铸币的事情还上书主张统一铸币权，规定标准的“法钱”，让中央政府垄断钱币的铸造权。这些举措都伤害了当时的贵族利益，他们对他极力排挤，给皇帝施加压力，使得这些措施大多都没有实施。

当贾谊被贬为长沙王太傅时，路过湘水，感叹自己的悲哀和时局的不利，作赋凭吊屈原。在长沙三年，所著政论文有《陈政事疏》、《论积贮疏》、《过秦论》等，另有《新书》十卷，今人辑为《贾谊集》。

后来怀王坠马而死，他常常独自一人哭泣怀念，又加上自己仕途不顺，主张得不到认可，最后抑郁而死。死时还不满三十三岁，一个才子就这样离去了。

晁错小传

晁错(?—前 154)，西汉文景时期的著名政治家，和贾谊齐名。他是颍川(今河南禹县)人。

据说晁错是一个有学问、有才华、有思想的人，但后人总结他时认为他不适合搞政治，为什么呢？这和他的性格有关系。晁错这人刚正不阿，说一不二，他不善于处理人际关系，恃宠骄人，气死了当时的丞相申屠贾，还得罪了一大批正人君子。他为人属于那种咄咄逼人，逮住了理就不依不饶的类型。在他头脑中只有对和错，只有什么该做，什么不该做，从不考虑什么能做，什么不能做，以及是现在就做，还是将来再做。这些性格特征让他的政治生涯中没有盟友，经常孤立一人，但由于得到景帝的信任，在朝中虽然大家对他耿耿于怀，但没人敢得罪他。

晁错在汉文帝时期就是太子刘启的老师，刘启后来做了皇帝，也就是景帝，就把晁错升为内史。不久，又升为御史大夫。他得到景帝的信任，后来就主张削夺同姓诸侯王的封地，以此巩固中央集权。这本是一个很好的建议，但就是他之前的为人，让朝廷内外的人都反对他，景帝三年(前 154)，吴楚七国以“诛晁错，清君侧”为借口发动叛乱，他似乎成了这场战争的靶子。曾任吴相的袁盎和外戚窦婴，与晁错素不相容，乘机建议景帝斩晁错以谢诸侯。在这个时候，群臣中没有一个替晁错说话的，这不得不说是他的悲哀。景帝接受了袁盎的建议，任他为太常，出使吴楚进行谈判，并由丞相、中尉、廷尉等弹劾晁错“大逆无道”，腰斩晁错于长安东市，全家被诛杀。但这样做并没有能平息吴楚七国之乱。

虽然晁错在政治上犯了很多错误，不过他的政论文章却非常犀利，分析深刻，给后人留下了很深的印象。

周亚夫小传

周亚夫(?—前 143)，西汉著名将领，周勃之子，是沛县(今属江苏沛县)人。从小喜爱读兵书，志向远大。最初的时候是河内的太守，后来被封条侯。汉文帝后元六年(前 158)，他在河内管理有方，从河内太守的职务上被调任为将军，抵御匈奴侵犯，驻守在细柳地区。他以治军严谨著名，刚正不阿，继承了父亲周勃的个性，不久又升至中尉，掌管京城的防务，并率领北军，责任重大。

景帝继位后，周亚夫任车骑将军。景帝三年(前 154)，吴、楚等七王反叛，周亚夫以太尉身份率军前去平叛，由于其军事策略得当，在其他友军的配合下，不到三个月就平定了叛乱。

后来周亚夫以功被授任太尉一职，几经周折最后官至丞相。因反对封王信为侯，直言逆上，后来又因为其子私自购买御用物品受到牵连，被逮捕下狱，在狱中绝食而死。

一个兴盛的朝代，经历了高峰之后，逐渐走向衰败。

第五章　从鼎盛到衰败的西汉王朝

汉武帝是中国历史上贡献卓著的帝王之一，他将汉朝的政治、经济推向了顶峰，在他在位的几十年里，进一步加强了中央集权，罢黜百家、独尊儒术、整顿财政、发展农业、抗击匈奴、通使西域、开疆扩土，最后下诏自遣，历史对他的评价褒贬不一，但他的功勋也不可估量。

在他之后的几个皇帝，继承了他的事业，虽然没有他这么大的建树，但基本保留了汉朝持续兴旺的局面。西汉最后几个皇帝在位时，外戚严重干预朝政，让政权花落旁家，最终让西汉王朝走向了灭亡。

一、从胶东王到汉武帝

公元前156年，在长安未央宫猗兰殿中，一个孩子诞生了，他就是刘彻。

刘彻像

他的生母是槐里(今陕西兴平东南)人王仲之女，名臧儿，早在汉景帝做太子时就被选入宫中，后来被封为“美人”。历史上有传言，说他母亲在入宫之前结过一次婚，后来得到仙人指点，说她的命运在宫中能得到改变，是一个贵不可言之人。按当时的规矩，不是处女是不让进宫的，传言说她家里给负责选择宫女的官员一些好处，才一路顺利入宫。这或许就是命中注定的事情。

公元前153年，汉景帝见刘彻到了封王的年龄，就派他往胶东做王，这只是一次普通的赐封，刘彻又不是汉景帝的长子，他是第二个儿子，本无做太子、更无做皇帝的可能。可是汉景帝的薄皇后没有儿子，于是，汉景帝于公元前156年立他宠爱的粟姬的儿子刘荣做了太子。

在一场明争暗夺的宫廷斗争中，薄皇后于公元前151年被废，本来该粟姬当皇后，然而汉景帝有个姐姐刘嫖，他们从小一起长大，被封为长公主，经常在汉景帝面前出主意，从小养成的习惯让汉景帝对她十分信任。当时刘嫖有个女儿，她一心想让自己的女儿做皇后，本打算将女儿许配给刘荣，谁知道粟姬以为自己的儿子当了皇太子，以后就是皇帝，看不上这门亲事，于是长公主就从中作梗，不想让刘荣做太子，想把女儿许配给年龄相仿的刘彻，于是就尽力想把刘彻推上太子的位置，经常在汉景帝面前说粟姬的坏话。当时长公主在大臣中威望很高，她的风向会让很多大臣跟随，景帝最后废了太子刘荣，把他贬为临江王。粟姬于公元前150年失宠自杀。不久之后，刘荣接受不了这个事实，也自杀身亡了。

汉景帝又根据长公主的建议立王美人为皇后，刘彻也被立为太子。太子与长公主的女儿还有一段“金屋藏娇”的故事，长公主的女儿小名叫阿娇，刘彻说，如果我将来做了皇帝，就给你盖一座金屋，封你做皇后，这件事情很多人都知道，长公主或许是因为这句话才力保刘彻做上太子的。刘彻做太子之后，受到太子太傅卫绾的教诲，卫绾是个大儒生，因此，他的儒家思想也影响着刘彻，但皇太后窦氏认为，刘家自古就崇尚道家的无为学说，认为这样教育太子不妥，就又派了一位道家的高人去教刘彻学习这些东西，这两种学说在一些基本问题上有矛盾，让刘彻很头疼，因此景帝还特意请两个学派聚在一起讨论此事。刘彻幼年又喜欢文学，年纪不大便能作赋。他个人比较喜欢儒学的东西，这些经历与他后来推崇儒术及重视文学有很大关系。

汉武帝像

公元前141年，汉景帝驾崩。十六岁的太子刘彻继位，就是孝武帝，史学家称他为汉武帝，由于他在位期间政绩卓著，也有人喜欢称他为“汉武大帝”。由于当时年纪尚小，无力控制朝政，出现了他的生母王太后和祖母窦太后争夺权力的斗争。窦太后一心想让她的第二个儿子梁王继承皇位，所以就想让她的侄儿窦婴主持朝政，而王太后想让她的同母兄弟田蚡主持朝政。经过一番明争暗斗，窦婴做了丞相，田蚡做了太尉。窦太后提倡“黄老无为”思想，而王太后支持卫绾、田蚡的儒家思想，这就必然又与窦太后发生矛盾。

建元三年，窦太后强令孝武帝把信仰儒家思想的大臣赵卫、王臧打入监狱，两人深明大义，为了不使年轻的皇帝为难，先后自杀，连窦婴、田蚡也被免职。在窦太后的威严之下，汉武帝只好忍气吞声，等待机会。但是少年的汉武帝很有主见，而且有旺盛的精力和勇往直前的进取精神。建元六年五月，窦太后死后，汉武帝立即发动政治变革，换掉了一批窦太后以前安插在朝中的大臣，重新任命田蚡为丞相，开始了独立执掌政权的时期。

二、击败匈奴

匈奴族是我国北方一个古老的游牧民族，他们随季节和水草迁徙，只有少量的农业生产。汉朝初年刚刚进入奴隶制社会，起初他们只是一个占领地域不是很广阔的少数民族，但其中出现了一个著名的首领，人称冒顿单于。

在他的带领下，匈奴各支得到统一，实力日益强大，他们以抢掠为生存的一种手段，四处开辟疆土，除了骚扰汉朝以外，匈奴族还东败胡人，北服丁零族，又把大月氏追逐到更靠北的地方。统治的区域东自朝鲜边界，横跨蒙古高原，与羌族相接，向南延伸至今晋北、陕北一带，与汉相接，地域广大，但却人烟稀少，并且没有固定的位置。冒顿单于为了便于统治，把这一广大地区分为左、中、右三部，自己居中。左、右两部由左、右贤王带领。

战国末期，他们就垂涎当时中原的富足，骚扰平原和城市，不断向南侵犯。汉高祖时，为了阻止他们的骚扰，发生了“白登之围”。之后，西汉政府在无奈之下与匈奴和亲，开通关塞，每年给匈奴很多馈赠，但仍无法改变他们喜好抢掠的习俗，经常侵犯汉朝边界，由于当时朝廷实力并不强盛，一直忍气吞声，经常要把公主外送。

到了汉武帝时期，西汉的国力经过“文景之治”有了很大改善，已经有足够的力量来抗击匈奴，并且有了自己的骑兵，可以和匈奴对抗。于是，汉武帝决定一举消灭匈奴，彻底改变当时的格局。

元光二年，汉武帝组织人马开始对匈奴进行打击，他派马邑人聂翁壹出塞，引诱匈奴进占马邑。汉军布置三十余万人马埋伏在附近，企图一举歼灭匈奴主力，匈奴兵十万人浩浩荡荡入塞，中途发觉附近牛羊都不见了，平时这个地方是放牧的良好地段，感觉其中有诈，最后发现汉军的埋伏而退兵。以此为开端，匈奴和汉朝的战争打响了。匈奴人差点陷入汉军埋伏，心中憎恨，之后多次大规模进攻边塞，汉军也多次反击和进攻，其中起决定作用的有三次。

汉代佛雕

元朔二年，匈奴入侵汉朝边境，汉武帝派卫青、李息出兵云中郡，卫青是当时的名将，率军在河套地区大破匈奴军队，并且俘虏了数千人，一举收复河套地区，这是汉朝与匈奴对决中获得的最大的胜利。汉朝在那里设朔方郡，并修缮了当地的边塞，作为抵抗匈奴入侵的前沿阵地。同年从内地迁民十万余众到朔方，这些人员一边务农，一边守卫当地，这或许就是最早的民兵。之后匈奴连年入侵，战事不断，汉军在卫青指挥下几度出击，沉重打击了匈奴军队，让匈奴人受到了重挫，也让当初反对抗击匈奴的人改变了匈奴野蛮、不可战胜的观念。

漠北之战

元狩二年，汉武帝命卫青的侄子霍去病率领骑兵远征匈奴。霍去病汲取匈奴人骑马作战的经验，让士兵带足口粮，吃饭喝水都在马上，加快行进速度，采用速战速决的战术。他从陇西出击，过焉支山，途经千余里，歼敌八千多人，杀匈奴两个大王，缴获了匈奴的祭品金质佛像，取得巨大胜利。同年夏，霍去病又与大将公孙敖出北塞外两千多里，直到祁连山，一路追杀匈奴三万余人，迫使匈奴自相残杀，浑邪王杀休屠王后，率部四万余人归降汉朝。西汉王朝在原来匈奴的领地设置了四个郡县，这样一来，不但隔绝了匈奴与羌的联系，还沟通了内地与西域的经济、文化，使双方势力的消长发生了巨大变化，也使得汉朝的威名波及更远。

元狩四年，一场决定匈奴命运的战争拉开了帷幕。这一年，汉武帝重新起用卫青，和霍去病一起率十万骑兵，近一万匹马负载辎重，几十万步兵殿后，分道北征。西路卫青军从定襄出发，在漠北击败单于，歼敌一万余人，一直攻打到今蒙古高原杭爱山以南，缴获大批粮食胜利回朝。东路霍去病军从代郡出发，行军两千余里，继续实行他的进攻策略，他行军的速度让匈奴人没有喘息的机会，生擒匈奴屯头王、韩王等三人，前后歼敌七万多人，一直打到狼居山附近，再次取得巨大胜利。在那里，霍去病代表汉王朝举行了封禅礼。经过这次大战，匈奴基本没有力量和西汉王朝对抗，也不会对汉朝边界进行骚扰，汉朝开始对北方地区进行开发建设，进一步巩固边防，恢复农业生产。从此，汉与匈奴十七年间保持和平，没有发生战争。

抗击匈奴的战争胜利，是汉武帝最重要的成就。它不但打击和抑制了近百年来匈奴对中原地区的掠夺，还保护了人民的生命财产和汉朝的稳定，保证了汉朝社会经济和文化的继续繁荣昌盛。

三、张骞出使西域

西汉时，把阳关和玉门关以西及今新疆乃至更远的地方，称作西域。西汉初年，西域共有十六国。

汉武帝小的时候，亲自经历了一次把一个姐姐送给匈奴的经历，他的内心汹涌澎湃，从那个时候就立志要攻打匈奴，再也不要汉朝打了败仗，让女人们去做替罪羊。

他刚登上皇位不久，汉朝抓回来一些匈奴俘虏。汉武帝从他们口中知道了西域的一些情况，这些俘虏得到了优待，就告诉汉武帝说：“原先在敦煌以东、祁连山以西的地区有个大月氏国，他们也非常强大，但他们不擅马战，被匈奴打得大败，甚至连他们的国王也被杀死。匈奴人把国王的头颅砍了下来，把皇帝的妃子抢走，大月氏人受到极大的侮辱，被迫逃到了西域去，他们跟匈奴有不共戴天之

张骞像

仇，很想找到合适的人和他们一起攻打匈奴。”

汉武帝听了，很感兴趣。他想，大月氏在匈奴的西边，汉朝如果能和大月氏联合起来，就可夹击匈奴了，到时候量他有三头六臂也难以招架了。但是西域是一个未知之地，并且还要经过匈奴的地盘，没有能力的人可能完不成这个使命。于是，汉武帝就下了一道诏书，公开招募能人去联络大月氏。当时，谁也不知道月氏国在哪里，有多远，要担负起这个任务，需要极大的勇气，所以一直没有人来应诏。

马踏匈奴

有个叫张骞的郎官，认为这事关系到汉朝未来的命运，以一腔报国的热情报了名，汉武帝考察了一下他的情况，觉得合适，就给他挑选了一百多名随从，其中有一个匈奴族人，叫堂邑父，他后来成了张骞的得力助手。

公元前 138 年，张骞带着一百多个人，浩浩荡荡从长安出发，汉武帝在他临走前亲自给他整理衣冠，嘱咐他此行的重要性。就这样，他们带着汉武帝的理想去寻找大月氏。他们一出陇西，就进了匈奴控制的地区，由于队伍庞大，又不像一般的商队，很快就全部做了俘虏。

匈奴兵把他们送到单于那里，他们在拷打之下说要去寻找大月氏，开辟通商道路。单于不满地说："大月氏在我们匈奴的北面，汉朝怎么可以越过我们派使者前去通商？如果我要派使者越过汉朝去南越，汉朝会答应吗？"

因为当时匈奴和汉朝还没有闹翻，所以单于没有杀他们，只把他们分散来看管。单于经过了解，知道张骞是个博学多才之人，希望他投降，还给他娶了妻子。尽管如此，张骞始终保留着那根出使的旌节，没有忘记自己的使命。

十年过去了，匈奴对张骞也放松了警惕。有一天，张骞和堂邑父趁匈奴人不防备的时候，骑上快马逃了出来。他们没有目标，只知道大月氏在西，所以就一直向西走，到了大宛国(今中亚细亚)。大宛王早就听说东方有个富饶强盛的汉朝，很想互通往来，现在听说汉朝的使者来了，非常高兴，热情地招待他们，问张骞："你打算到哪里去？"张骞说："我们奉当今汉王的命令，出使大月氏联络重要事情，路上被匈奴扣留十余年，现在才逃了出来。要是大王能派人送我们到大月氏去，将来我们回到汉朝，我们的皇上一定会答谢大王，到时候的礼物必将多得无法形容。"

张骞出使西域

大宛王本就知道汉朝的威名，见这是一个顺水人情就答应了，他派人护送他们到康居(约在今巴尔喀什湖和威海之间)，又由康居到了大月氏国。

大月氏国王被杀以后，他的正房妻子继承了他的王位，在大夏(今阿富汗北部)附近又重建了大月氏国。这里的土地更加肥沃，物产比以前更加丰富，大月氏人生活得非常安定，不想再和匈奴打仗了，怕再次回到逃亡的生活当中。张骞在大月氏住了一年多，还到大夏去了一次，但始终没有说服他们，眼看目的不能完成，只好回国。

回国途中，他们又被匈奴俘虏，扣留了一年多。不久，匈奴发生了内乱，张骞趁乱带着匈奴妻子和堂邑父逃回了长安。元朔三年，张骞回到长安，受到汉武帝的热情接待。此次西行前后达十余年，虽未达到目的，但获得了大量西域的资料，司马迁称张骞此行为“凿空”。汉武帝为了表彰他锲而不舍的精神，封他为太中大夫。

张骞向汉武帝详细报告了西域各国的情况，让汉武帝也大开了眼界。过了几年，张骞随大将军卫青出征匈奴。由于他熟悉匈奴的地形，知道水草的具体位置，使得汉朝的军队没有受到饥渴，凯旋归来后，他被封为博望侯。

汉武帝出巡图

公元前119年，卫青、霍去病消灭了匈奴主力，匈奴残余部队逃到了沙漠的北面。之前，西域很多国家受匈奴欺负，每年都要给他们缴纳很多贡税，但是匈奴战败以后，西域的很多国家都不愿再向匈奴进贡纳税，他们更想和汉朝来往通商。于是，汉武帝就派张骞第二次出使西域。

这一次和上一次已经大大的不同了，上一次要经过的匈奴地域，现在已经成了汉朝的疆土，河西走廊也已经控制在汉朝手里。张骞带着三百名随从，每人两匹马，轮换使用，还带了一万多头牛羊和金银、绸缎等礼物，浩浩荡荡地向西域进发。

张骞到了乌孙国(今新疆境内)，送给乌孙王一份厚礼，建议两国结为睦邻亲戚，从此建立邦交，一起对付匈奴。但乌孙王不了解汉朝的实力，不敢同意对付匈奴的协议，他满足于现状，因此不说答应，也不说不答应，对待汉使当上宾招待，就是不直接回答问题。张骞看透了他的想法，就派他的副手们带着礼物分头去联络大宛、大月氏、康居、大夏等国。

汉代的科学文化画像石

后来张骞看说服不了乌孙王，就动身回国，乌孙王为了考察汉朝的实力，还派了几十个人跟着他到长安，带了几十匹乌孙良马送给汉朝。一年以后，那些副手们也带着他们出使国家派来汉朝的人，陆续回到了长安。这时的长安一片繁荣景象，物产丰富，让各国使臣敬佩不已，他们都当即表示愿意和汉朝通商。从此，西域各国开始正式和汉朝来往。但是，西域诸国仍未完全摆脱匈奴的控制，楼兰、车师等国在匈奴的策动下，还劫掠西汉派往西域的使臣和商队。为了确保西域通道的畅通，元封三年，王剧率骑兵击破楼兰，赵破奴率军击破车师。元封六年，西汉又与乌孙王和亲，希望联合打击匈奴残余部队。同时为了打破匈奴对大宛的控制，并取得大宛的汗血马（这种马出的汗像血一样，奔跑能力超强，最适合骑兵使用），汉武帝派李广利领兵数次进攻大宛，大宛是西域较大的一个国家，军事实力也非常强，汉军付出了沉重的代价，最终攻破大宛都城，使西汉在西域的声威大震，确保了西域通道的安全。西域道路畅通后，使西域与中原地区连为一体。

汉代楼船复原模型图

西域的葡萄、石榴、苜蓿、胡豆、胡麻、胡瓜、胡蒜、胡桃、汗血马及各种珍禽异兽和名贵毛织品传入中原，西域的乐器、乐曲和名贵的手工业品也在汉朝流行起来。而中原的铁器和牛耕技术、凿井技术传入西域，特别是向西域输入大量丝织品，然后通过西域辗转到西亚、欧洲等地。闻名于世的“丝绸之路”就是在张骞的脚下走出来的。虽然他没有完成当初的目标，但他开拓西域，使得双方能够通商，这样的成就更加伟大。

四、苏武牧羊

汉武帝时期，汉朝的实力达到了顶峰，他雄才伟略，多次派出大军进击匈奴，希望彻底消灭匈奴，免留后患。后来经过大将军卫青和霍去病的攻打，匈奴人元气大伤，从此退回大漠以北，不敢再骚扰汉朝的边境。自此以后，汉匈双方很多年没有打仗。但是匈奴只是在口头上表示愿意投降，和汉朝和好，实际上他们心里还是想着等自己恢复了元气，再次进犯中原。于是，为了争取军队修整的时间，匈奴的单于多次派使者来求和，希望汉朝停止进攻，可是当汉朝的使者回访匈奴的时候，

苏武牧羊

有的却被他们扣留下来。在这样的情况之下，汉朝也扣留了一些匈奴使者作为人质，希望能将被扣留的汉使换回来。

汉朝政府正在策划继续攻打匈奴，这时候匈奴派来的使臣到达了长安，还把之前扣押的汉朝的使者都送了回来。汉武帝看到了他们的诚意，就派中郎将苏武拿着旌节，带着副手张胜和常惠，出使匈奴。西汉天汉元年，四十多岁的苏武一行受汉武帝派遣，千里迢迢，跋山涉水，到了匈奴王廷，把之前扣押的人质也送了回来，还带来了丰厚的礼物赠送给提侯单于，希望双方和睦友好下去。谁知匈奴单于态度非常倨傲，完全不像所想象的那样。使命完成以后，匈奴单于准备派遣使者，要把苏武等人送回汉朝，苏武他们也安心等待，准备返回。

没想到，就在此时，匈奴发生了一次谋反事件，苏武回汉的事也化为泡影。

缑王是匈奴浑邪王的外甥。早在河西战役时，浑邪王就率领四万人投降了汉朝。汉武帝赏赐他大量财物，并封他为万户侯。缑王也在那时投降了汉朝。到公元前 103 年(太初二年)，缑王跟随汉朝将领赵破奴进攻匈奴，结果兵败被俘。所以，缑王虽是匈奴人，却“身在曹营心在汉”。

汉代独轮车

汉代透雕九龙和田白玉璧

虞常是汉朝人，他跟随卫律出使来到匈奴，卫律是匈奴人，但他的父辈生长在汉朝。卫律后来作为汉朝的使者出使匈奴，不久又投降了匈奴。卫律通晓汉朝的很多事情，对于匈奴有很大的帮助，所以匈奴单于对卫律非常宠爱和信任，封他为丁灵王，他成了匈奴单于的得力助手。而虞常则无时无刻不想着回到汉朝。

缑王和虞常两人联合了卫律的随从大约有一百七十多人，准备在匈奴王廷发动一次政变，把提侯单于的母亲劫持到汉朝，用以向汉朝报功请赏。苏武和张胜到来之前，他们已经在策划这件事情了。

虞常跟张胜本来就是朋友，于是虞常便一个人去拜访张胜，并对张胜说："听说汉武帝对背叛汉朝的卫律非常痛恨，我有一个可以为皇帝解除心中怒气的方法，能暗中把卫律害死。你一定要相信我，虽然我是匈奴人，但我的母亲和弟弟都在汉朝，我这么做是希望得到汉朝的赏赐。"张胜是个头脑简单的人，便不假

苏武像

思索地拍着胸膛，满口应允，并送给虞常许多财物表示赞助，还把自己带来的随从武士交给他调遣。

结果事情败露，匈奴单于大发雷霆，派卫律审理这件事。张胜听说以后，坐卧不安，唯恐他跟虞常的那次密谈被揭发出来。无奈之下就把有关情况全部告诉了苏武，让他定夺该怎么办。

一直不知道情况的苏武，听了张胜的汇报，感到了事态的严重性。他认为，既然副使张胜跟虞常有关系，那肯定会牵连到自己。他气愤地说："我是汉朝的正式使节，如果因此而被审问、被侮辱，甚至危及生命，那岂不辜负了朝廷？"说完，拔刀要自杀。张胜、常惠一齐上前抱住他，好生劝说这才作罢。但是没过多久，事情就败露了。虞常在被审讯时，被严刑拷打，但他也是个铁骨铮铮的汉子，只承认和张胜是朋友，无论如何也不承认和他们串谋。匈奴单于一直怀疑汉使才是这次事件的策划者，因为在他们没有来之前这些人就在这里，但却没有谋反，汉使一来，就发生这样的事情，他非常气愤，立即决定把汉朝使者全部扣押起来，并让卫律把苏武找来问话。

这一天，匈奴王廷卫士林立，戒备森严，气氛非常紧张。苏武见这种情况，感觉将有事情发生，便对常惠等人说：“我是无辜的，如果这样受审，有损于我的人格和气节，会玷辱我的使命，就是不杀我，也没有脸再回汉朝了！”说罢，就立刻拔刀自刺。卫律一看大吃一惊，赶紧上前，抱住了苏武。毕竟在事情没有搞清楚之前，汉使死在匈奴营中，汉朝听说这个消息后一定会发兵征讨。虽然没有生命危险，可是苏武已经受了重伤。卫律曾经在汉朝生活过，知道汉朝人的规矩，更知道这件事情的严重性，如果因自己审问不周，挑起战争，估计他自己的小命也就不保了，他派人骑着快马，找来了最好的医生，按照匈奴的习惯，在地上挖了个坑，并在坑里生起了文火(没有火焰的火)，上面铺了一块木板，把苏武背朝上放到板上，然后一边慢慢地烤，一边轻轻地推摩苏武的脊背，让他体内的淤血尽快地流出来。

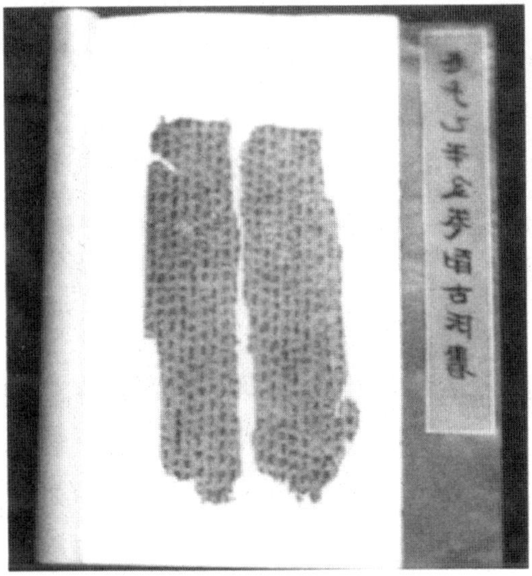

汉帛书

奄奄一息的苏武过了很久才慢慢地醒过来。常惠等随从见苏武这样刚烈和忠诚，感动得放声大哭。许多人也跟着流泪，他们慢慢地抬着苏武，回到了住地。

匈奴单于本来打算杀掉他们，但是他的大臣们告诉他不能这么做，如果这么做，就会挑起战争，后来单于对苏武宁死不屈的民族气节也十分敬佩，很想把他留为己用，每天一早一晚都派人问候苏武，同时下令把张胜等人押进大牢。他们派卫律去劝降苏武，苏武一听就说：“我是汉朝的使者，如果违背了使者的气节，活下去还有什么脸面呢！”于是又拔出刀来向脖子上抹去。卫律急忙让身边的护卫把他抱住，苏武之前自杀，脖子上的刀痕还没有痊愈，这次又昏了过去。

苏武醒过来以后，单于更加钦佩苏武的勇气，他派人给他继续疗伤。经过一段时间的调养之后，苏武渐渐痊愈，身体也慢慢地健康起来。这时，匈奴单于看直接劝降可能不行，就派人去通知苏武，要他去一同审判虞常，实际目的是为了趁机威胁苏武，设法强迫他投降。

经过这天的审讯，虞常被当场杀掉，其实任何时候杀他都可以，之所以选择这个时候，是想让在场的其他汉使，特别是苏武改变想法，投靠匈奴。杀了虞常之后，卫律转过身来，对张胜说：“你试图谋杀单于的亲信大臣，绑架单于的母亲，按律应当处死，但是你如果投靠单于，我们伟大的单于就不计较你以前的过失了！”卫律曾经在汉朝生活过，了解张胜的为人，说罢，就举起宝刀恐吓张胜，张胜果然吓得浑身发软，赶紧跪地求饶。

见张胜投降了，卫律就转而进攻苏武，声色俱厉地说：“你的副使都承认自己有罪，你也应当连坐!”苏武毫不惧怕，针锋相对地回答说：“我既没有和他们一起谋反，也跟张胜没有任何亲缘关系，张胜有罪那是他的事，跟我有什么相干?”卫律被说得哑口无言，便又恶狠狠地把那口寒光逼人的宝刀举起，比画着要杀苏武。苏武敢于自杀，怎么会怕他呢，如果他杀了自己，反倒成全了自己，苏武神情坦然，镇定自若。

卫律见苏武不怕恫吓，只好收起了凶相，赔着笑脸，低声下

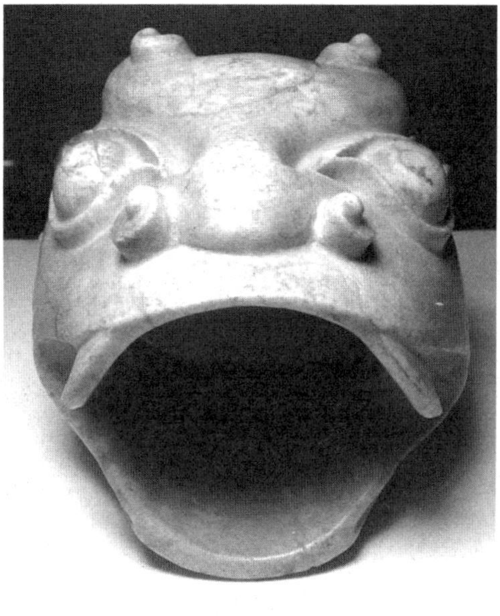

汉代·黄玉石·兽首

气地游说："苏君，大家都知道你是一个忠臣，但是现在情况不一样了，你效忠谁不是效忠啊，我卫律先前背弃汉朝，投奔了匈奴，单于很重用我，还提拔我，封我为丁灵王。论马，我有好几万；论牛羊，可以说是漫山遍野。你看，这是多么荣耀富贵啊！单于对你非常欣赏，假如你今天投降，明天就会像我一样，或许会比我的待遇更好。但你这样执迷不悟，只会白白送掉了性命，汉朝的人有谁能理解你、同情你呢？"苏武对于他的诱惑，拒不回答。于是卫律又说："你如果听我的，我会在单于面前给你说好话，咱俩可以结为兄弟；如果你拒绝了我，以后再回心转意，想再见我，恐怕就难上加难了！"

苏武越听越气，指着卫律的鼻子骂道："你身为汉朝的臣民，却不顾汉人的礼义廉耻，不仅背叛了国君和亲人，对单于俯首帖耳，做人家的俘虏，并且还来劝我也投降于匈奴。匈奴单于信任你这样的小人，让你掌握着生杀大权，你不仅不主持公道，伸张正义，反而唆使匈奴单于和汉朝为敌，破坏来之不易的和平，还幸灾乐祸看热闹！你明明知道我不会变节投降，还想方设法来逼我，无非又想让双方大动刀兵，你不仅是汉朝的祸害，更是匈奴人民的祸害！"

卫律对苏武已经软硬兼施，到现在已经无计可施，只好把情况向匈奴单于报告。匈奴单于听了不但没有生气，对这样的汉子更加佩服，觉得苏武气节不凡，更想让苏武投降。为了这个目的，他又下令把苏武监禁起来，关在一个破败的地窖里，不给吃喝。这样，苏武要活下去，就只能投降，否则就要饿死。他希望用这样的方法逼迫苏武投降。

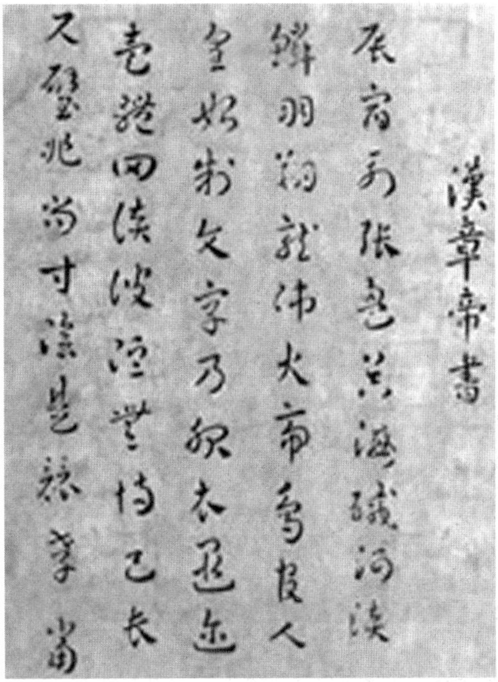

汉章帝所书

当时，正是严冬季节，大雪飞扬，地冻三尺，狂风卷起雪片，吹进了本就寒冷的地窖。地窖里阴沉黑暗，湿气袭人，苏武又是大病初愈，身体还非常虚弱，再加上每天饥肠辘辘，为了生存，他只好躺在地上，尽量减少消耗。渴了，就吃飘进来的雪花，饿了，就把毡毛和雪片一起吞咽下去充饥。就这样一天天地过去了，苏武竟然顽强地活了下来。

单于见这样的折磨都不能让苏武投降，不忍心杀死这样的忠臣义士，就下令把他放到北海(今贝加尔湖)边上去放羊，为了防止他逃跑，就让他跟他的部下常惠分隔开来，不许他们通消息，他们还对苏武说：“等公羊生了小羊，就放你回去。”公羊怎么会生小羊呢，这明显就是在刁难苏武。

苏武到了北海，那里荒无人烟，唯一和他做伴的，就是那根代表汉室朝廷的旌节。匈奴人为难苏武，不给他口粮，他饿了就掘野鼠洞里的草根充饥。他每天放牧，眼睛却一直看着汉朝的方向，旌节在风中摆动，日子一久，旌节上的穗子全掉了。在这期间，苏武的好友李陵被匈奴俘虏，投降了匈奴，他曾经是苏武的知音和至交。单于知道他们这层关系后，就派李陵前来劝降苏武，可苏武坚决拒绝了李陵的游说和诱惑，并且警告他，不要再说下去了，再说下去也是白费口舌，还骂他是个叛国贼。

汉代之佛教建筑

到了公元前 85 年，匈奴单于死了，匈奴发生了内乱，分成了三股力量。新单于没有力量再跟汉朝对抗，就派使者来向汉朝求和。那时候，汉武帝也已经去世，他的儿子汉昭帝继位。汉昭帝还记得苏武的事情，就派使者到匈奴去，要单于放回苏武，匈奴谎称苏武已经死了。使者信以为真，这事就没有再提。

后来，汉朝使者又到匈奴去进行谈判，苏武的随从常惠此时还在匈奴，他花重金买通匈奴人，让这个匈奴人安排，私下和汉使者见了面，他把苏武前前后后的事情告诉了汉朝的使臣，并且告诉他们，苏武还没有死，他还在北海牧羊。使者知道这件事后就去找单于，严厉责备他说："匈奴既然诚心同汉朝和好，但又为什么欺骗汉朝，依然扣押我们的使者？我们皇上在御花园射下一只大雁，雁脚上拴着一条绸子，上面明明写着苏武还活着，你怎么说他死了呢?"

单于一听，吓了一大跳。还以为是苏武的忠义气节感动了上天，连大雁也替他送消息呢，就连忙向汉朝使者道歉："苏武确实是活着，之前是我们没有搞清楚状况，我们把他放回去就是了。"

苏武四十岁出使匈奴，他在匈奴受了十九年非人的折磨，胡须、头发全都白了，但他每天都想念着回到汉朝。当他真的回到长安的那天，长安的百姓知道了他的故事，都出来夹道迎接他。他们瞧见花白胡须、花白头发的苏武，颤抖的手里拿着光杆子的旌节，没有一个不受感动的，人人都说他是个有骨气的大丈夫、真英雄。

五、昭君出塞

公元前 73 年，汉宣帝刘询登基。他强调“霸道”、“王道”杂治，重视吏治，使汉朝又强盛了一个时期。汉宣帝五凤元年(前57)，匈奴分为五个部分，互相攻打不休。甘露二年(前 52)，其中一个匈奴，呼韩邪单于被他的哥哥郅支单于打败，死伤了不少人马。他俩本是原来单于的孩子，但为了争夺大漠，开始互相攻击。呼韩邪为了部落的生存，决心投降汉朝，和汉朝重新修好。次年，呼韩邪亲自到汉朝首都长安朝见汉宣帝。因为呼韩邪是第一个到中原来朝见的单于，虽然之前就有匈奴人前来投降，但都是零散的部落，所以汉宣帝对他的到来非常重视，就像招待贵宾一样招待他，亲自到长安郊外去迎接他，并在临前大殿为他举行了盛大的招待会。呼韩邪单于对汉宣帝的盛情与真挚十分感动，在长安住了一个多月。

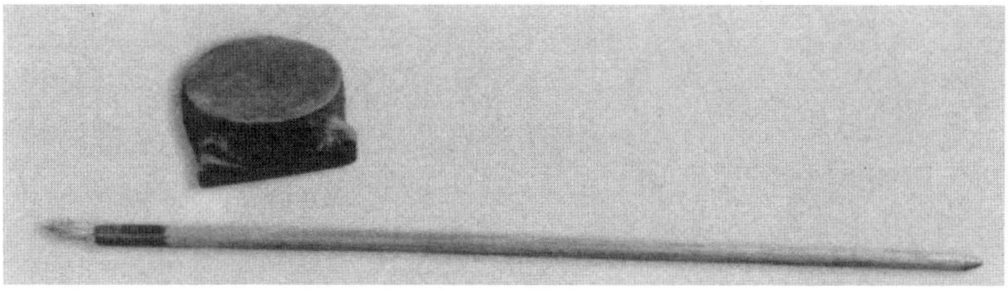

汉代石砚毛笔

为了重振部落，他请求汉宣帝帮助他返回漠南。汉宣帝答应了他的请求，同时也为了削弱与汉朝敌对的匈奴势力，汉宣帝派了两个将军带领一万名骑兵将呼韩邪护送到漠南。这个时候，匈奴正处在缺少粮食的季节，为了帮助匈奴渡过粮荒，汉朝还送去了很多的粮食，使呼韩邪部落又强大了起来。呼韩邪单于十分感激，一心和汉朝和好。西域各国听到匈奴和汉朝和好的消息，都争先恐后地同汉朝打交道。

汉代的水丞

公元前 49 年，汉宣帝去世。他的儿子刘奭继位，称汉元帝。匈奴的郅支单于以为新皇帝登基，还没有坐稳位置，就乘机侵犯西域各国，甚至杀了汉朝派去的使者。为了打击郅支单于的嚣张气焰，汉元帝果断地派兵讨伐，在康居打败郅支单于，并将他擒拿后处死。郅支单于一死，呼韩邪单于的地位就稳定了，更便于统治整个草原大漠。为了表示匈奴与汉朝永远和好的诚意，公元前 33 年，呼韩邪单于第二次来到长安，提出了同汉朝和亲的请求。汉元帝欣然答应了。

以前，汉朝和匈奴和亲，都是被迫，现在匈奴主动提出和亲，情况就发生了很大的变化，这让汉朝的朝廷内外都舒了一口长气。在过去，派去和亲的大多都是挑个王公贵族的女儿。这时，汉元帝决定挑个宫女给呼韩邪单于。他派人到后宫去传话："谁愿意嫁到匈奴去，皇上就把她当公主一样看待。"

当时皇宫里有上千的宫女，其中除了半男半女的太监外，就仅有一个男人——皇帝。而皇帝“临幸”宫内嫔妃、宫女的机会实在太少了，所以宫女无异于尼姑。因此她们都渴望能有一天离开皇宫，过正常人的生活。虽然很多被皇上挑中，但一直没有得到皇上“临幸”的人，很有可能要老死宫中，当她们知道这是一个可以出去的机会时，都非常高兴，但是当她们听说是去匈奴时，却没一个人乐意去。

家住南郡的宫女王嫱，也叫王昭君，长得姿色秀美，并且深明大义，从自身命运着想，也为了汉朝与匈奴的永久和好，就毅然自请去匈奴和亲。负责和亲事情的大臣正在为没有合适的人选而着急，一见有人报名，就立即上报皇上。汉元帝立即吩咐办事的大臣选择良辰吉日，为呼韩邪单于和王昭君在长安举行了成亲盛典。呼韩邪单于一见到王昭君，便为她的美貌所倾倒，两人互诉衷情，如漆似胶。

汉代宫女发式

所有人都知道，王昭君是中国古代四大美女之一，那么她怎么会只在当时的皇宫里做了一个宫女呢？

这天，呼韩邪单于

昭君出塞鼻烟壶

偕王昭君向汉元帝谢恩，汉元帝看到王昭君美丽而又大方，惊讶自己的后宫竟有这般仙女而竟然不晓得，后悔当初怎不先看一下。他本有心将王昭君留下，可又不好言而无信，坏了大局。

汉元帝回到内宫，越想越懊恼。毕竟王昭君是绝世美女，他悔恨自己当初怎么就没有看出她是个美女，他又把当初宫女入宫时的画像拿了出来，找到昭君的像来看，完全没有昭君的美貌在里面。

在汉朝的时候，宫女进宫后，很难见到皇帝，而是由画工画了像，送到皇帝那里去听候挑选。有个画工名叫毛延寿，是个贪心的家伙，他在给宫女画像的时候，宫女们如果送点礼物给他，他就把这个人画得美一点。王昭君不愿意用这种手段，就没有送礼物，所以毛延寿就把王昭君像一笔带过，没有把她的美貌如实地画出来。汉元帝后来知道了这件事情，一气之下，把毛延寿杀了。

王昭君在汉朝和匈奴人的护送下，离开了长安，队伍旌旗飘扬，十分壮观。远离了京城，远离了繁华，远离了家人，一路朔风刺骨，风沙弥漫，昭君不时回望长安的方向，心想不知何日才能与亲人团聚，不免落泪。但她仍觉得自己比其他宫女幸运，知道自己肩负的使命，所以勇往直前。

王昭君到了匈奴，做了呼韩邪单于的阏氏(君主的正妻)。开始，语言、生活习惯、饮食各方面都不习惯，但昭君处处尊重匈奴的习俗，一方面精心服侍单于，使得夫妻恩爱；一方面体贴爱护臣民，以身示范，使得同去的汉人与匈奴人相处得亲如一家。昭君以自己的品德、知识与智慧，博得匈奴人对她的喜爱和尊敬。

王昭君去没多久，汉元帝就去世了，他的儿子刘骜继位，为成帝。昭君肩负着睦邻友好的使命，她经常劝呼韩邪单于不要发动战争，并且还把中原的文化传给匈奴。呼韩邪单于死后，他的前阏氏之子为新一代单于，匈奴人自古有规矩，单于死后，他的阏氏应该继续服侍新一代的单于。汉成帝又命昭君复为后单于的阏氏。打这以后，匈奴和汉朝和睦相处，有六十余年没有发生战争。

王昭君出塞，对汉朝和匈奴的和好起到了重大作用。她的故事广为流传，成为后来诗词、戏曲、小说、说唱等主要的题材来源之一，她伟大的精神和一心为国的胸怀至今仍为人们所传颂。

六、一个谋士和三员猛将

汉武帝可以说得上是中国的伟大帝王，纵观历史上成就非凡的帝王，我们不难发现，都存在一个共同的特点，就是在治理国家上有成就的，身边一定有一个能为其出谋划策、多谋善断的谋士；能在开拓疆土上有突出成就的皇帝，身边一定有一员或者几员猛将。而汉武帝可以说在这两方面都取得了巨大的成就，他的身边既有谋士，也有猛将。

1. 一代谋士东方朔

公元前140年，一个十六岁的伟岸少年登上汉皇宝座，在位长达五十四年，他就是历史上毫无争议的伟大帝王——汉武帝。大部分人都知道他使中国国力空前强大，但却不知在这强大的背后有一个为其谋划、指点迷津的人，这就是历史上的狂人东方朔。东方朔是汉武帝的智囊人物，他用三千竹简造就了一个千古帝王，他是绝代易经大师，算命卜卦之流的先驱，更是东方一姓有史可查的第一个人。

东方朔（前154—前93），平原厌次（今山东惠民）人。东方朔原本并不姓东方，而是姓张，小名曼倩。他的生父姓张，名夷，字少平，母亲是田氏。他来到人间刚刚三天，母亲就去世了，这在古代，被称作“克母”。父亲觉得很不吉利，也没有能力养活他，只好把他扔出了家门。当时的邻居听到婴儿的啼哭声，出门将他抱了回家，这个时候正值东方发白，天蒙蒙亮，于是便取姓“东方”，单名叫“朔”。据史书记载，东方朔生性滑稽，出语诙谐，举止荒诞。在他为官期间，这常常给他的升迁带来麻烦，甚至引起别人的攻击，大家都用“狂人”来称呼他，本来是想侮辱他一番，谁料想东方朔对这个外号却并不在意，反而因为有这样一个称号还非常得意呢，让当初想侮辱他的人大失所望。

东方朔像

他虽然在很小的时候就失去了亲生父母的爱抚，但义母对他却是精心抚养，慢慢他也茁壮成长起来。在他刚刚满三岁的时候，就显露出独特的性格。他记忆力特别强，而又富有好奇心，对周围的一切充满兴趣。他看过一遍的书能很快就背诵下来，让人非常惊叹，并且他还喜欢指天画地，自言自语，像着了迷一样。为了探索书中的奥妙和寻求未知的答案，他从小就敢离家出走，数月不回。义母为此也伤透了脑筋，虽曾严加管教，但这个放纵不羁的孩子在强烈的好奇心驱使下，多次离开家园，他经常看着天象走路而迷失方向，被蚊叮蛇咬，狼追狗扑，虽然这样，也没有改变他对知识的追求。他凭着自己的坚韧个性，获得了充足的知识、勇敢的胆识和健康的体魄。人们总是说，机会总是等待有准备的人，东方朔就是这样的人。

汉武帝继位以后，为了招揽天下贤才，广开言路，便下了一道征召天下贤良的告示，所有认为自己是人才者均可上书，表达和阐述自己的观点。公开招募有才能的人，在当时是很少见的，在朝为官的人大多是继承祖业，也有一部分是通过考试或者别人推荐的，所以，有这样一个好机会所有人都不会错过。于是，一时间，四海之内的有识之士，纷纷聚集长安。他们殚精竭智、洋洋洒洒，向皇上进言，希望自己的言论能够被皇帝所采纳，进而分得个一官半职。机灵洒脱的东方朔当然也不会放过这样的好机会，他也向汉武帝上了封书信。据说，这封上书足足用了三千片竹简，要两个人扛才能拿得起，这也就有了历史上“三千竹简造就一千古帝王”的典故。汉武帝见此人有如此多的话想说，就认真读了他写的东西，前后经历了两个月的时间才读完。他在自我推荐书中，毫不自谦地夸赞自己，上书是这样写的：

汉代太学

臣东方朔，父母早逝，由义父母抚养成人。很小就开始读书写字，经过三年时间，写文章和对历史方面的学问就已经够用了。十五岁开始又学习击剑，十六岁开始学习《诗》、《书》，能背诵二十二万字。十九岁的时候学习兵法，孙子、吴起的兵法熟读百遍，行军布阵、指挥作战的理论，也背诵了二十二万字，这样，我已能背诵四十四万字了。我一直敬佩子路（孔子的弟子）从不拖延实现诺言的习惯。我今年二十二岁，身高九尺三寸（汉初身高一尺相当于今二十二厘米左右），眼睛像明珠，牙齿像海贝。我像孟贲（古代勇士）那样勇敢无畏；像庆忌（先秦以敏捷著称的人）那样敏捷；像鲍叔（先秦大夫，传说与人分财，自取其少者）那样廉洁；像尾生（先秦人名，与女友约于桥下，女友不至，河水上涨，尾生坚守不离，被淹死）那样守信。因此，我认为足可以当天子的大臣了。

他在自我介绍的文书中还声称，自己大器早成，才学过人，从他的介绍中看起来，他是个非常有自信的人。果然，汉武帝读了东方朔自诩自夸的推荐书，被他这种不卑不亢、大言不惭的介绍给吸引了，很想看看这到底是个什么样的人，就召他入宫做了个负责报时的小官。

东方朔志向高远，怎么会满足于目前的境况。他做的官根本没有机会参与朝政，也始终没有机会接近皇上，更不用说发表自己的治国言论了。并且，当时他地位低下，生活待遇也不是很好，据说每天都食不果腹。有一天，他外出游玩，见到一个侏儒，就恐吓他道：“你的死期要到了!”那侏儒问他为什么，他回答说：“像你这样矮小的人，留下来对国家有什么用处呢？要你们去种田吧?你们不能耕地扛锄，还算不了一个好农民；叫你们去当官吧?你们没有理政、治民的本领；如果让你们去当兵?我们疆土可就危险了！留着你们对国家对社会都是一个累赘，还不如统统杀了的好，这样可以减少一些什么也不会做，但是却只知道伸手要吃、要穿的人。所以如今皇上一律要杀掉你们。”

侏儒看眼前这人，身高马大，从穿着上看应该也是当官的，听后就紧张地大哭起来，东方朔哄骗他说自己有一个方法，问他敢不敢做，那侏儒看都大难临头了，当然说什么都敢做了。于是东方朔就对他说：“你先不要哭，一会儿皇上就要来了，你要是去叩头谢罪，说不定还能得到宽恕。”一会儿，武帝的乘辇经过这里，侏儒立即上前去哭着跪下，连连磕头。阻挡皇帝的御驾是死罪，但汉武帝觉得这人很奇怪，就问他：“你有什么冤情啊，哭成这个样子？”侏儒回答说：“东方朔说皇上要把我们这些矮小的人全都杀掉！”汉武帝听了哈哈大笑，知道这是东方朔在搞鬼，虽然汉武帝没有重用他，但是对他的印象还是比较深的。回宫后就召见东方朔，问他这件事情的前因后果。东方朔说：“侏儒虽然不能为国家做出贡献，一个月也能得到温饱，但是我九尺多的身材，和他们得到一样的物质报酬，我就得不到温饱了。如果陛下认为我是个人才，就应该给予优厚的待遇才对。如果认为我是无用之辈，

汉代壁画

那还不如早早遣散我回家，难道陛下忍心看自己的大臣沦为长安城的乞丐吗?”汉武帝听罢，哈哈大笑，知道他的用意。不仅没有责备他，反而对他这种求官升迁的方式感到新颖，感觉他是个有理想，有见识的人，就让他留在自己身边以备咨询。从此，东方朔日夜伴随皇上，给皇上献了不少绝妙的计策。

东方朔另一方面的成就是文学方面的，他是一个怪才，也写了很多对后世影响很大的作品。他的散文赋《答客难》，以主客问答的新颖形式，抒写了才智之士怀才不遇的苦闷，揭露统治者的轻视人才，语言朗朗上口，议论酣畅淋漓。这篇文章后，又有很多人模仿他这种方式，也写出了不少优秀的文章。

东方朔另有《神异经》、《海内十洲记》等书，原来有自己的作品集，后来遗失。明朝人整理当时保留下的东方朔的文章，汇编成《东方先生集》。

2. 大将军卫青

卫青是汉朝时期著名的将领，但当时也有人说，他之所以能够当上位高权重的大将军，是因为他的姐姐卫子夫偶然的机会赢得了汉武帝的宠爱，当了皇后。在当时长安的民谣中，就有这样的说法。但我们通过回味历史不难发现，在西汉时期，确实有许多左右朝政的大臣都是外戚，他们靠着特殊的裙带关系窃居高位，例如祸害一时的吕家，还有后来的窦家都是如此，用“一人得道，鸡犬升天”来形容一点都不夸张。但是卫皇后的家人称霸朝廷却是另有原因的，这其中包括卫青和霍去病，虽然他们发迹有可能靠了点特殊的关系，但是他们都经过出生入死，浴血奋战，为国家做出了重大贡献，证明了自己的才能。正因为如此，即使后来卫皇后失宠，二人在朝廷的地位也丝毫未受影响。

卫青是西汉时期著名将领，字仲卿，河东平阳(今山西临汾西南)人。他的母亲在平阳公主家做女仆，因丈夫姓卫，她就被称为卫媪。平阳公主原号阳信长公主，是汉武帝的姐姐，因嫁与平阳侯曹寿(汉初名臣曹参之曾孙)为妻，所以也称平阳公主。

卫青像

卫青的母亲是平阳侯家中的帮佣，她和同在平阳侯家中做事的县吏郑季私通，生下了卫青。卫青在母亲的关怀下度过了童年。后来，因为他的母亲感觉供养他非常艰苦，就把他送到了亲生父亲郑季的家里。但郑季的夫人根本看不起卫青这个私生子，让他到山上放羊，不给他读书的机会。郑家的几个儿子在母亲的唆使下，也不把卫青看成手足兄弟，随意苛责，有时候还会侮辱他。卫青就是在这样的环境下成长起来的，受尽了苦难，在他的性格形成上打下了深深的烙印，也为他以后的仕途做了吃苦耐劳的准备。偶然有一次机会，卫青跟随别人来到甘泉宫，一位年迈的囚徒看到他的相貌后说："你将来定为贵人，官至封侯。"卫青笑道："我现在身为人奴，只求免遭打骂，有吃有喝，已经是上辈子修来的福气了，哪里还敢奢望立功封侯啊！"

卫青长大后，不愿意再受郑家的奴役，便回到了母亲身边，在平阳公主家里做了奴仆。平阳公主是个心地善良的人，看到卫青已长成了一个相貌堂堂的彪形大汉，非常喜欢，就刻意让他做了自己的骑奴。每当公主出行，卫青就骑马相随。虽然依旧没有谋到一官半职，但与在郑家时的情景相比已是天壤之别，卫青也是忠诚之人，对于平阳公主的厚爱更是加倍回报。

卫青聪明好学，在平阳公主的许可和特意安排下，渐渐学到了一些文化知识，跟随平阳公主出入一些上层人的场所，也慢慢懂得了一些上层阶级礼节。他怨恨郑家对他没有一点亲情，决定把自己的姓改为卫，完全与郑家断绝了关系。

平阳公主是汉武帝刘彻的姐姐，刘彻没有做皇帝之前，经常到平阳公主家里做客，做了皇帝之后，由于他年纪还小，当时窦氏掌权，他心中稍有不快就去平阳公主家里散心。他经常和平阳家的丫环谈笑，从中也发现平阳公主的随从卫子夫是个不错的女孩，一来二往，他就喜欢上了这个民间女子。

汉代玉龙

公元前139年春，卫青的姐姐卫子夫被汉武帝选入宫中，卫子夫入宫不久，就有了身孕，引起了与汉武帝有“金屋藏娇”之约的陈皇后陈阿娇的

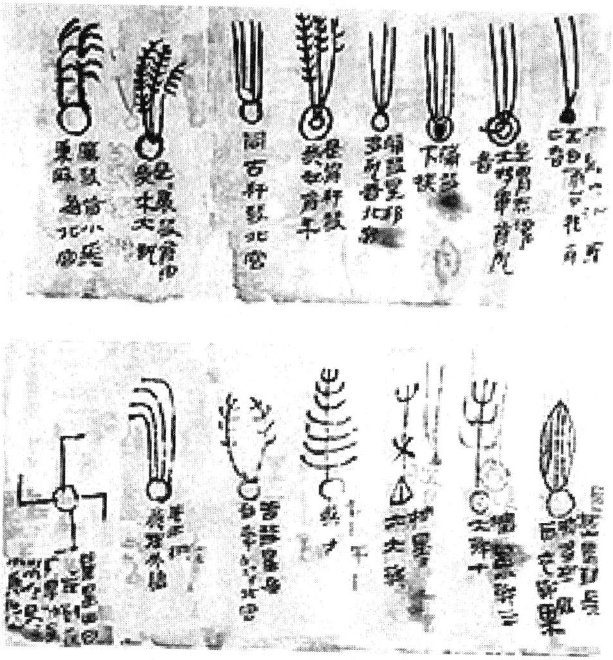
汉代彗星图

嫉妒。这个陈阿娇自小娇生惯养，认为皇帝是她一个人的，谁都不许碰。她与汉武帝成亲后，被立为皇后，但一直未能给汉武帝生一个儿子。她担心卫子夫如果生下的是个男孩，那就会被立为太子，更加担心在母以子贵的当时，卫子夫会因为儿子的关系青云直上，和她争夺皇后的位置。但是，眼下卫子夫正得汉武帝的宠幸，陈皇后对她也不敢直接加害，就找母亲长公主诉苦。

长公主是汉武帝的姑姑，在刘彻争夺帝位的时候出了不少力，她从小娇惯女儿，为了给女儿出这口恶气，嫁祸于卫青。她找了一个借口，把卫青抓了起来，并准备处死。卫青当时没有反抗的能力，很有可能就此失去生命，幸好他在当骑奴时结识的好友公孙敖听到了消息，马上召集了几名壮士，赶往抢救，把卫青从死亡的边缘夺了回来。另一方面，公孙敖还派人给汉武帝送信。汉武帝得知后，猜出了其中的缘由，大为愤怒，索性召见卫青，任命他为建章宫监、侍中。这确实是卫青命运的转折点，但他却没有就此停止自己的脚步，如果仅仅是这个原因，卫青就有可能在皇宫中当一辈子的侍卫。

在汉武帝登基之初的几个年头，南方有些地方蠢蠢欲动，最后，在一个少数民族聚集的地方，由于当地官员的挑唆，有些人起兵反叛了。由于当时汉朝正受北方匈奴骚扰，朝中大臣为是否出兵征剿南方这股反叛势力争执不休，有人主张立马派兵剿灭，有人则担心这样会让匈奴乘虚而入。就在这个时候，汉武帝悄悄派卫青带领了几个精干的士兵，前去平息这次叛乱。卫青运用计谋，杀死了反叛将领，平息了一场朝中争论不休的难题。回到朝廷后，大家对他开始另眼相看，这次平叛也为他取得更大的功勋奠定了基础。

汉代官印

公元前 129 年，匈奴又一次兴兵南下。汉武帝鉴于上一次卫青的智谋和勇猛，果断地任命他为车骑将军，迎击匈奴。从此，卫青开始了他的一路直上的戎马生涯。这次用兵，汉武帝派卫青、公孙敖、公孙贺和李广分为四路出击。卫青是第一次带兵出征，但他英勇善战，一直打到匈奴祭扫天地祖先的地方——龙城，斩首七百人，沉重打击了匈奴人的士气，取得了胜利。另外三路则有两路失败，一路无功而还，这样就更加凸显出卫青的带兵能力。汉武帝看到这个情形，非常高兴，加封他为关内侯。从此，卫青开始在平息匈奴进犯的战事中崭露头角。

公元前127年，匈奴由于上次吃了点亏，骄傲的贵族认为汉朝不应该与他们作战，并且还出击，在他们的头脑里，汉朝不具备与他们作战的实力，所以集结了大量兵力，准备给汉朝点颜色看看，他们进攻上谷、渔阳。汉武帝采用了避实击虚的作战方针，一方面派人吸引匈奴的大军，一方面派卫青率大军进攻久为匈奴盘踞的黄河河套地区。

这是西汉对匈奴的第一次大战役，在这次激烈的战斗中，卫青鼓励士兵，告诉他们匈奴并不是不可能战胜，他带领大批士兵，先袭击匈奴一些零散的驻地，取得胜利来鼓舞士气，然后又率领汉军与匈奴大军作战，一举活捉敌兵数千人，缴获漫山遍野的牲畜，完全控制了河套地区。由于这次战役立下了大功，卫青被封为长平侯，食邑三千八百户。河套地区是匈奴人放牧的主要地段，那里水草肥美，匈奴失去了河套，岂肯善罢甘休，又继续派兵和汉朝作战，争夺河套地区。在紧接着的战斗中，卫青又抓获了在地位上仅次于匈奴最高首领单于的右贤王，俘虏了一万五千多人和几百万头牲畜。汉军大获全胜，高奏凯歌，收兵回朝。

汉武帝接到战报，非常高兴，心中长舒一口气，这一战把汉朝几代皇帝受的屈辱都吐了出来，他立即派特使捧着印信，到军中封卫青为大将军，加封食邑八千七百户，边关所有将领都归他指挥，实际上，他成了当时汉军的最高统帅。

汉武帝为了进一步嘉奖卫青，将他三个还是婴儿的孩子也封为列侯，这在当时几乎是最高的荣誉了。但卫青没有因此而居功自傲，反而是非常谦虚，坚决推辞说："微臣有幸在此时带领军队，完全是仰仗先帝们和陛下的圣灵，使得我军获得胜利，这全是将士们拼死奋战的功劳。陛下已加封了我的食邑，我的儿子年纪尚幼，毫无功劳，陛下就分割土地，封他们为侯。这样其他将士心中会有意见，所以，他们三人怎敢接受封赏啊！”汉武帝为了表彰这次大的胜利，随后又封赏了随从卫青作战的公孙敖、韩说、公孙贺、李蔡、李朔等人。

后来，卫青驻守边关，多次率领汉朝大军，攻击匈奴，使汉朝的威名远扬，匈奴人再也不敢骚扰汉朝的边境，抢劫汉朝的粮食和女人。

西汉·镶嵌神兽博山炉

朝中的官员也开始巴结奉承卫青。由于平阳公主的丈夫去世很早，所以她一直寡居在家，汉武帝准备给她在列侯中选择一个新的丈夫，许多人都说大将军卫青合适，汉武帝听到这个消息后，非常高兴，说道：“当初朕娶了他的姐姐，现在他又反过来要娶我的姐姐了，这倒是很有意思。”于是当即允婚。时过境迁，当年的仆人就这样做了主人的丈夫。这样一来，卫青与汉武帝是亲上加亲，又成了汉武帝的姐夫，更受到宠信。但卫青为人谦让仁和，敬重贤才，从不以势压人。

后来，卫青的外甥霍去病日渐受到皇帝的恩宠，霍去病的声望超过了他的舅舅卫青，过去奔走于大将军门下的许多朝内外官员，都转到了霍去病的门下。卫青门前顿显冷落，可他不以为然，认为自己的外甥能得到皇帝的重用，也是自己的一份荣耀，照样心平气和地过着恬淡平静的生活。晚年时候，他病重不起，但有时又有重要的事情需要上朝，走到宫门口，昔日的旧部看到他，都非常高兴，当时卫青已经病重，走路很困难，这些曾经跟着他的部下，将他抬了起来，一路高喊："大司马、大司马……"卫青看到这些人依然对自己忠心不改，感动得老泪纵横。

公元前106年，大司马、大将军卫青去世，汉武帝命人在自己的茂陵东边特地为卫青修建了一座坟墓，以这样一个特殊的位置来表彰卫青一生的赫赫战功。

3．少年英雄霍去病

霍去病(前140—前117)，河东郡平阳县(今山西临汾)人，是大将军卫青的外甥。他父亲是平阳县的一个衙役，被派在平阳公主府里当差。他母亲是平阳公主的一个使唤丫头。据说他是这个丫头和衙役的私生子。

由于特殊的身份，霍去病出生在平阳公主府里，从小就生活在奴婢群中，生活相当地艰苦。父母虽然出身低微，但是他们却都是明事理的人，经常教育他，要想出人头地，只有参加军队，建立战功。霍去病没有辜负父母的期望，从很小的时候起，就练习骑马射箭，习练各种武艺，希望有朝一日到战场上去杀敌立功。霍去病十六岁的时候，武艺已经十分出众，那时，他已经长成了一个相貌奇伟、性格坚毅、智勇过人的青年。以他当时的年纪，应该对皇帝有惧怕之心，但是他对汉武帝却没有这样的心理，他和汉武帝说话，自信十足，汉武帝可能是看中了他这种桀骜不驯的气质和自己有点相像，就派他做了保卫皇帝安全的侍中官。

这时，西汉王朝与匈奴的战争已达到白热化的程度。匈奴屡次入侵，公元前 123 年，汉武帝再次组织对匈奴的反击战争，大将军卫青奉命出征匈奴。这一年，霍去病刚刚十八岁，他主动请缨前去杀敌，汉武帝见他少年英武，就封他为骠骑校尉，带领八百名最精锐的骑兵去作战。

霍去病像

匈奴听到汉军大批人马来进攻，便连夜往后撤退。卫青派四路人马分头去追击匈奴部队，卫青自己守住大营。到了晚上，三路兵马都回来了，没有找到匈奴的主力，只有一路人马杀了几百个匈奴士兵。

霍去病带领八百多骑兵，一往无前地向北奔去，莽莽草原上，一路上也没瞧见匈奴士兵。霍去病没有泄气，带领骑兵一直追了几百里路，忽然发现前面远处有一个黑点，仔细看去是匈奴的军营。他带领骑兵偷偷地绕道抄过去，以迅雷不及掩耳之势，杀进了一个最大的帐篷。匈奴人没有想到汉军会这么远地追来，一点也没有防备，军营一片混乱，霍去病眼明手快，一刀砍死了一个匈奴的将领，八百名骑兵个个勇猛无比，把匈奴兵杀得四散逃窜。他手下的骑兵又活捉了两个。骑兵们一阵追杀，杀了两千多名匈奴士兵。

卫青等人在大营帐中正等得着急，替第一次出征的霍去病担心，这时，只见霍去病提了一个人头，后面的士兵还押了两个俘虏。后来一审问，才知道这两个俘虏，一个是单于的叔叔，一个是单于的相国，被霍去病杀的那个，还是单于爷爷辈的一个王爷。

这次战役，有胜有负，大将军卫青把战争的经过上报给了汉武帝，汉武帝对十八岁第一次参加作战的霍去病赞赏有加，封他为冠军侯，并且给了他许多的赏赐。

公元前 121 年春天，因上次长途跋涉取得的成功，汉武帝又任命霍去病为骠骑将军，率领精锐骑兵一万多人，从陇西出发，孤军深入沙漠去寻找匈奴主力，伺机作战。这是一次冒险的行动，但在霍去病机动灵活的指挥下，打得匈奴兵叫苦连天。霍去病的军队一路势如破竹，他们先穿越了今甘肃省山丹地区东南的焉支山，深入达千余里，遇见了匈奴大军，短兵相接后，他们在那里转战了六天，匈奴兵抵挡不住，向后败退。霍去病带领骑兵追击了一千多里，摧毁了匈奴建立的浑邪、休屠等属国，杀死了匈奴的折兰王和卢侯王及其兵将共八千多人，生擒了浑邪王的太子和许多重要的官吏。匈奴最能干的浑邪王和休屠王所带领的部队，受到了沉重的打击，只好连连后退。就连休屠王平时祭祀用的金佛像也成了他们的战利品。

这一仗取得了非常辉煌的胜利，汉武帝加封霍去病食邑五千四百户。从此，霍去病在朝廷中的声望日益显赫，地位也日益尊贵，几乎和舅舅卫青相当了。他两次河西战役胜利之后，汉朝完

霍去病墓前石刻

全控制了河套地区，这对匈奴是一个巨大的打击，前面说到过，河套是他们重要的放牧基地，因此匈奴人非常痛心，他们悲伤地唱道："亡我祁连山，使我六畜不蕃息，失我焉支山，使我妇女无颜色。"

匈奴屡屡失败，内部便发生了激烈的分化。匈奴单于严厉责备浑邪王，并命令他带兵向汉军反攻。浑邪王心中不满，在前线杀敌的是自己，他领教过汉军的厉害，现在的汉军已经不是汉朝刚刚建立时的汉军了。他和休屠王商量后，派人和汉朝联系，打算投降汉朝，为了避免单于的追杀，要求汉朝派兵去接应。

汉武帝知道这个消息，心里自然高兴，他派霍去病带兵接应。霍去病带兵渡过了黄河，为了防止中间有诈，摆开了阵势。浑邪王也把人马摆开阵势，准备让霍去病来受降。不料，匈奴兵中有些人不愿意投降，准备逃跑，发生了动乱，霍去病不顾个人安危，骑马冲进了敌营，亲自同浑邪王谈判，并下令斩杀了想要逃跑的八千多人，震慑了所有想要投降的匈奴兵，避免了更大规模的逃跑事件。这次霍去病共收编了匈奴兵四万多人，从此，匈奴的力量大大削弱了，这是霍去病的又一大功劳。

为免除匈奴对大汉的侵犯，公元前 119 年，汉武帝经过了充分的准备之后，决定再一次派卫青、霍去病各自率领五万兵马，分两路夹击匈奴军队。霍去病大胆利用投降过来的匈奴人，让他们组成先头部队在前面开路。他们从代郡向北推进两千多里，越过离侯山，渡过弓闾河，打败了匈奴的左贤王，夺得了敌人的粮草，补充了自己的给养。经过激烈战斗，俘虏匈奴屯头王、韩王，以及将军、相国、都尉等八十三人，歼灭匈奴兵七万多人。

霍去病率军追至狼居胥山(今内蒙古境内德尔山)。为庆祝这次战役的胜利，最后由霍去病亲自主持，在狼居胥山举行了封山仪式，祭告了天地，悼念了捐躯的战士，犒劳了立功的英雄，并登临瀚海(今贝加尔湖)，刻石记功，然后凯旋还朝。

这是汉朝规模最大，进军最远的一次追击。从那以后，匈奴撤退到大沙漠西北，沙漠南面就没有匈奴的王廷了。

传说在河西战役期间，汉武帝为了嘉奖他，特地派人从京城送来一坛美酒，霍去病没有独自享用，而是将美酒倒入当地的一眼泉水中，让全军将士共同分享皇帝的恩赐。后来，此泉就称为酒泉，当地也就以酒泉命名。

汉武帝看到霍去病立了这么大的功劳，还没有一个比较好的住所，为了奖励他，特地为他修建了一所豪华的住宅。汉武帝让霍去病有时间可以先去看看是否满意。霍去病看后对汉武帝说：“匈奴未灭，何以家为!”这句话也成了他一生的真实写照。

公元前 117 年，霍去病因突击河西时，染上传染病，突然离世，年仅二十四岁。对于这位英年早逝的名将，人们感到无比地悲痛和惋惜。汉武帝特地命人在霍去病的墓前立了一座“马踏匈奴”的石像，表彰他为大汉立下的不朽功勋。

4. 飞将军李广

飞将军李广是战国秦将李信的后代，骁勇善射，是我国汉朝时期著名的将领。他是陇西（今甘肃省中部)纪县人。李广一生中与匈奴大小作战七十余次，战功赫赫，强敌畏惧。他身材高大魁梧，臂似猿猴，继承祖上擅骑射的传统，百步穿杨，百发百中，是中国历史上少有的神箭手。他对待部下非常好，得了赏赐，都分给部下。一次，行军路上带的水少，士卒的水喝完了，他宁可自己忍着渴，把自己的水分给他们喝，所以他深受士卒的爱戴。

唐朝诗人王昌龄有一首诗写道：“秦时明月汉时关，万里长征人未还。但使龙城飞将在，不叫胡马度阴山。”这里面所说的龙城飞将就是指在汉朝有“飞将军”之称的李广。他是西汉镇守边关的一员猛将，英勇善战，威震边关，令匈奴人闻风丧胆，因此被匈奴人敬畏地称作“飞将军”。

李广一生征战沙场，在与匈奴军队交战的战役中，他一直都是身先士卒，勇猛杀敌。他在十七岁的少年时期就投身军队，汉文帝十四年（前166)，匈奴大举侵入汉朝，李广随军出战，因为善骑射，打死和俘虏敌兵很多，论功行赏时，被封为骑常侍，随

甘肃汉代长城

侍皇帝左右。有一次，汉文帝说：“可惜李广生不逢时，如果是在高祖争天下的时代，封万户侯是轻而易举的事情啊!”后来，他被调任到河北省西北部的上谷任太守。匈奴人经常来这里抢劫老百姓的粮食和这里的女人，李广在与匈奴的战斗中不顾生死，奋勇杀敌。主管少数民族事宜的官员公孙昆邪对汉文帝哭诉道：“李广的才干，天下无双，但是他过于勇猛，数次与匈奴大战，不顾个人安危，这样下去，我们恐怕要失掉这样一员虎将啊。”这样，汉文帝就调他为陕西北部上郡的太守。此后，他曾当过陇西、北地、雁门、代郡、云中的太守，都以英勇善战而闻名。

李广骑射图

到了汉景帝的时候，吴楚七国叛乱，他跟周亚夫一起平定七国之乱，在山东昌邑的战斗中，冲锋陷阵，拔掉了叛军的军旗，威名显扬，但因他接受了梁王私授他的将军印，所以班师还朝时没有受到封赏。后来到了汉武帝时期，他还和大将军卫青、霍去病等人一起带兵去攻打匈奴，可谓劳苦功高。

据说有一次，景帝派了一名太监到李广军中做监军，这个太监不顾李广的劝阻，执意要带几十骑卫士出去游玩，不巧正赶上匈奴进攻上郡，结果他们在回营的路上遇到了三名匈奴骑士，卫士们全被射杀，监军本人也中箭逃回。李广听说后说：“他们三个人，能把我们一队骑兵制服，这三个人肯定是善于射箭猎雕的好手。”他立即带领一百多人马去追赶这三个人。三个人在战斗中丢了马匹，步行已走了数十里。李广命令他的部下，向左右两翼展开，他取弓搭箭，射死了两个，活捉了其中一个，审问后得知，他们果然是匈奴射雕者。他正准备带着一百个骑兵回营，却远远望见有几千名匈奴骑兵赶了上来。他们见到李广等人，还以为是汉军的诱敌之兵，连忙抢占了一座高地。

李广所带的百骑兵士一看自己已经让匈奴的军队包围了，都慌张起来，想掉转马头往大营里跑，李广此时大喝一声，对他们说：“我们离开大营还有几十里地。如果现在往回跑，匈奴兵追上来，一顿乱箭我们就得全部完蛋。不如干脆停下来，匈奴兵以为咱们是来引诱他们的，一定不敢来攻击我们。”

李广命令各骑兵再前行到距匈奴阵地二里远时，停止前进。下令道：“都下马解开鞍子!”他的部下对他说：“那么多匈奴兵离我们这么近，假如有紧急事情，他们扑过来怎么办?”李广说：“他们一定认为我们会逃跑，现在我们卸下马鞍，表示我们不逃，以不走来坚定胡骑的猜疑，以为我们是诱骑。”这样一来，匈奴果然就不敢出击。匈奴的将领看到李广这样布置，心里更加害怕了。他们远远地观察汉军动静，不敢来犯，只派了一名将官出阵试探，李广走出队列，拿出弓箭，一箭就射杀了那个前来试探的将官，然后从容归队。敌人看到这个阵势，也不敢贸然出击，但他们也不敢往回跑，他们也怕往回一跑就被追兵乱箭射死。双方就这么对峙着，一直到了半夜，匈奴人也不敢进攻，他们认定这是汉军的诱敌之计，怕汉军半夜袭击他们，就连夜全部逃回去了。李广他们也趁黑撤退了，天蒙蒙亮的时候，回到了大营。

汉景帝死后，汉武帝登基。因为李广是名将，于是任命他为未央宫禁卫军的长官，而程不识任长乐宫(太后居住的皇宫)禁卫军的长官。这时守卫汉朝边境的李广、程不识都是名将，一起奉命抗击匈奴。而匈奴皆畏惧李广，士兵也都愿意跟从李广而不愿跟从程不识。

公元前 129 年，匈奴人大举入侵中原，李广以卫尉身份率领军队，出雁门关抗击匈奴。当时匈奴人对李广了解最多，就派重兵包围他，单于平素听说李广是一员猛将，下令说："抓到李广必须活着送来!"匈奴骑兵，抓到李广时他身上正好有伤，昏迷不醒。匈奴人把李广放在两马之间用绳子结成的网里躺着。走了十多里，李广慢慢苏醒，斜眼看到旁边有一个匈奴骑着一匹好马，便突然腾空而起推下他去，跳上他的马，还抢了他的弓箭，策马向南奔驰数十里，匈奴派了几百名骑兵追赶。李广一面使劲夹住马肚子，催马快跑，一面回身来张弓搭箭，一连射死了几个追在前面的匈奴兵。匈奴兵眼看赶不上李广，只好眼睁睁让他跑了。从此匈奴人称李广为"飞将军"。

李广像

回到汉朝后，汉武帝将李广交给执法官审问，法官判决李广失败后损兵折将严重，而且李广自身被匈奴活捉，应当斩首。可是又想到他德高望重，屡立战功，就让他缴纳了赎罪金，贬为庶民。几年之后，因为匈奴又在边境骚扰，汉武帝才又重新起用李广。

在李广守卫边关的岁月里，他都是尽忠职守的，他箭法精，带兵忽来忽去，叫人捉摸不透他的路子。李广做了右北平太守，有一次李广外出巡查，回来晚了，天色朦胧，他和随从一面走，一面提防着经常在这个地段出现的老虎，忽然他瞧见前面山脚下草丛里蹲着一个黑点，很像一只猛虎。他连忙拿起弓箭，使尽了全身的力气，射了过去。凭他百发百中的箭法自然射中。手下的兵士见他射中老虎，都高兴万分，就拿着刀枪跑去捉虎。他们走近一瞧，全愣了，原来射中的不是老虎，竟是石头，而且这支箭陷得很深，几个人一起都拔不出来。大伙儿又惊又奇，都十分佩服李广，就连李广自己都纳闷，石头怎么能射得进去呢?他回到原来的地方，对准那块石虎又射了几箭，箭碰到石头，擦出了许多火花，但再也射不进去了。但这个故事却传扬至现在。

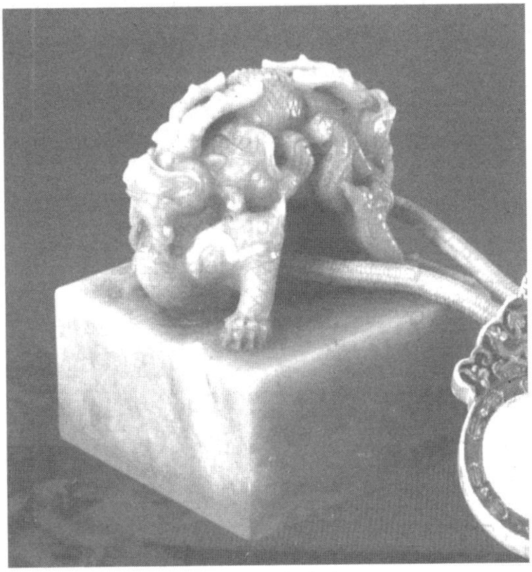

镂雕漓虎方印

元狩三年，李广率四千骑兵出兵右北平，博望侯张骞率一万骑兵分路进兵。走了数百里，匈奴左贤王率四万骑兵围住李广。

李广的兵士都很害怕，又得不到张骞的支援，李广这时为了鼓舞士气，就派他的儿子李敢冲往匈奴的队伍。李敢和数十名骑兵飞驰而去，一直冲破匈奴的围骑，向左右方向出击后返回。李广对他的士兵说："大家都看到了，匈奴人多，但很容易对付。"士兵们这才安稳下来。李广把部队排成面向外的圆形，匈奴袭击他们，箭像下雨一样。经过战斗，汉兵的人数减少了一半，箭也快要用完了。李广命令士兵拉满弓弦不要发射箭矢。李广自己却用体大色黄的弓箭射杀匈奴的副将，接连射死好几个人，匈奴见对方有神射手，这才远离了汉军，松懈了包围。

四川天水南郊李广衣冠墓

战斗一直打到太阳快落山时，士兵军官都已经累得面无人色了，但李广仍神色不变，和平常一样，士兵们更是佩服他的勇敢。天亮后，博望侯张骞的军队赶到了，匈奴的包围才撤去。此时，李广的军队几乎覆灭，按汉朝法律，博望侯张骞因不按时进军，该斩，纳金赎罪后贬为平民。李广的军队被匈奴所击败，但他杀敌也多，功与过相抵，没有奖赏。

后来，汉武帝准备派兵出击匈奴，一举打垮他们的王廷，汉武帝担心李广年纪太大，没有让他参加。而李广向汉武帝多次请战，费尽周折，汉武帝才让他跟随大将军卫青一起进攻匈奴。李广向卫青请求担任大军的先锋队，卫青没有许可，反倒命令他从荒凉的东道行军，限期会合。卫青率领汉军主力追杀匈奴大军，捕获并斩杀了一万九千余名匈奴兵。而此时李广的军队却因为道路险恶，加上没有向导而迷失了方向，从而延误了军机。卫青把此事上报了皇上，指责李广故意拖延军务，按律当斩。

李广十分悲愤，他流着热泪对将士们说："我自少年从军，与匈奴大小七十余战，从没有贪生怕死。想不到今日却因为迷途而误了军期，现在却被大将军如此催逼，我已年过花甲，哪能再受这样的屈辱!"说罢拔出佩剑引颈自刎。一代名将就这样含冤、悲惨地死去了。将士们看到平素里爱兵如子的李将军最后死得如此悲壮，不禁都失声痛哭起来。附近的百姓们知道了这个噩耗，也都是泪水涟涟。

李广的一生，身经大小七十几次战斗，由于他英勇善战，成为匈奴贵族心目中可怕的劲敌。虽然朝廷最终没有给李广封侯，可他在将士、百姓甚至当时敌人心目中的地位却是难以磨灭的。

司马迁在《史记·李将军列传》中说：李广为人正像孔子所说的："其身正，不令而行；其身不正，虽令不从。"听到了他的死讯，天下人都为他哀悼。

七、汉成帝的结局

汉成帝当上皇帝之后，为了满足统治阶级奢侈腐朽的生活，增加了赋税。广大农民在统治阶级的巧取豪夺、层层盘剥下，纷纷破产，流离失所，人民日益穷困，国家也开始变得疲弱。

统治阶级的黑暗残酷，必然引起人民的反抗。成帝时期民众起义不断爆发，直接威胁了汉朝的统治，西汉王朝已到了崩溃的边缘。

汉成帝听不进逆耳忠言，忠直有节的人士都被贬离朝廷，围在成帝周围的尽是些阿谀奉承的奸佞小人。其中都尉侍中淳于长无德无能，只是在立赵飞燕为后时有功，博得了成帝的欢心，就被立为了宝陵侯。他善于溜须拍马，得到汉成帝信任之后，生活淫乱，收受贿赂巨大，严重破坏了朝纲。

另外一个人张放因陪同成帝游玩，得到汉成帝的信赖。张放自此之后，有恃无恐，纵奴为盗，还公开藏一些罪犯到自己的府上。有官吏来他家抓人，他竟然让自己的家奴捕杀这些官吏。他甚至在光天化日之下带人闯进官府，砸坏官府，捆绑与他为难的官吏。之后，官府对他不敢管制，张放和他的爪牙们为了抢别人的妻子而杀害人家的丈夫，为了报一个人的仇，就把人家全家甚至亲属都杀死，他已经无法无天到如此地步，后来告发张放的人日益增多，皇后实在看不下去，就劝告成帝处置张放，但成帝只是把张放遣出京师暂避，没过多久就又偷偷把张放召回来了。

汉成帝期间，外戚专权，导致很多人不满，中间再加上一些危害国家的大臣与奸商勾结，掏空了国家的经济收入，弄得民不聊生，怨声载道。由于汉成帝无子，就立了自己的侄子刘欣为皇帝，成帝在老百姓的埋怨声中，在长安宫中突然病故，结束了自己的生命，那年 46 岁，死后葬延陵，谥号“孝成皇帝”。

八、无力扭转时局的汉哀帝

汉哀帝，名刘欣，是汉元帝的孙子，汉成帝的侄子。他三岁时世袭中山王的爵位，十九岁在汉成帝皇后赵飞燕的帮助下，继承了大统，地位尊贵无比，汉哀帝却是中国历史上最简朴的皇帝之一，他个人崇尚简朴的生活。

赵飞燕像

继位后不久，他就下令废除了汉成帝时兴盛起来的乐府官，他极力反对贵族们过奢靡的生活。为了缩减后宫的消耗，汉哀帝只有一后一妃。汉哀帝之所以这样，是因为早在汉成帝时期，大量的土地被贵族兼并，老百姓没有了土地，就失去了生存的根本，统治阶级又拼命地征税来聚敛财富，从而民不聊生，当时又有连年水灾，大批饥民流落异乡，只得卖身为奴。这样一来，贫苦的农民再也无法生存下去了，很多人揭竿而起，掀起了农民起义的高潮。

在汉成帝初年，关中地区就有数百人起义，之后，各种规模的起义相继爆发。虽然农民起义最终被汉朝统治阶级镇压下去，但却暴露出汉王朝的统治已是危机四伏了。

汉哀帝继位之时，面临的就是这样一个阶级矛盾严重，农民反抗剧烈、王莽把持朝政、觊觎汉室天下、官僚生活腐败、敷衍国事政务的局面，任何一个问题都足以使一个国家覆灭。而汉哀帝登基时才二十岁，他虽然限制了贵族奢侈的生活，减少了老百姓的抱怨，但却是治标不治本的方法，最终还是带来了无穷的后患。

汉哀帝的个人生活非常简朴。据史书记载，他不好女色，不像其他皇帝一样喜新厌旧，并且对原配妻子不离不弃。他虽贵为天子，却从不纵情声色，只册立了一位姓董的昭仪（昭仪是仅次于皇后的后宫职位，在汉元帝时期开始设立这个位置）。汉哀帝的个人生活如此朴素，除了上述政治意义，还有另外一个原因，就是汉哀帝身体孱弱，不能多近女色，他不得不强迫自己减少对女人的兴趣。他选择用男宠来代替女色。他的男宠名叫董贤，原本是他做王爷时的舍人。有一次董贤拜见他，汉哀帝见到了，顿时一见钟情。董贤受到汉哀帝的恩宠，先后拜为黄门郎、驸门都尉侍中。董贤以身侍帝，与汉哀帝同卧同起。据说一次午睡，汉哀帝的衣袖被董贤的身体压住了，但他想起床，可又怕吵醒了董贤，于是就用刀割断了衣袖，可见对他的恩惠有多大了。董氏家族也由于董贤的缘故，得以升官晋爵。他的亲妹妹就是上面所提到的汉哀帝最欣赏的女子——董昭仪。此外，他的父亲、岳父、内弟，都先后被封了高官。董贤自己也成为大司马，权倾天下，傲视权贵。

董贤本是胸无点墨的绣花枕头，但是汉哀帝却是个饱读诗书、熟悉治国之道的君王，他之所以把董贤扶上大司马这样的重要位置，有自己的考虑。

汉元帝年间，外戚王家的势力就开始膨胀了，到了汉成帝时期，王莽位高权重，汉哀帝继位之初，正是王氏外戚专权、独揽朝纲的时候。汉哀帝为了夺回大权，就必须削弱王氏的权力，汉哀帝起初用自己的外戚丁氏代替王氏外戚，夺回了朝权。但他为了防止丁氏像王氏一样，就只给了丁氏尊贵的地位，并不交给他们实权。后来，他罢免了大司马丁明，由董贤代之。傀儡董贤当了大司马，实际上等于全部权力都掌握在汉哀帝自己的手中。汉哀帝得以暂时实现了他的君主高度集权。他宠信董贤，就可以压制和控制朝野的各派势力，震慑皇族外戚，使他们不敢与王权对抗。

但由于积弊太深，历史也没有给他更多的时间来扭转时局，所以最后他还是以自己生命的结束宣告了历史的转变，他在位六年，死的时候二十六岁。

点 评

汉朝在汉武帝时期走向了一个高峰，他不但改变了以往与匈奴屈辱和亲的政治局面，还把匈奴一举击败，使得之后的六十年没有大规模的战争。在他在位期间，还通使西域，打开了与西方国家交流的大门，让更多国家了解了汉朝的文化。

他是一个伟大的皇帝，但再伟大的人也会有瑕疵，正是他这种好斗的性格，征服了匈奴，但同样也是他这种好斗的性格让国家蒙受了损失，连年的征战，让富足的汉朝经济开始有所倒退，好在他晚年的时候意识到了这一点，并下诏自谴。

他所带领的时代，是一个英雄辈出的时代，汉朝的著名将领中，他这个时代占了半数以上，之后的皇帝继承了他的事业，让汉朝继续保持繁荣发展。于汉元帝年间，再次与匈奴和亲，以往是逼不得已，而这次却是在匈奴的请求下赐婚。王昭君带着和平的讯息去了匈奴，在她的努力下，避免了两边人民遭受更多的战争之苦。

汉武帝之后的这段历史，是中国历史上比较繁荣、发达和稳定的一段历史，其间凝聚了几代皇帝和功臣的心血，虽然历史没有给这段历史像“文景之治”一样命名，但是它对中国历史的作用却非常地深远。

从汉元帝之后，西汉开始走下坡路，其中主要的原因就是外戚严重地干预朝政，王姓家族在汉元帝时形成气候，到了成帝时期，基本已经把持了朝政，为后来王莽篡汉创造了机会。

相关链接

汉武帝刘彻小传

汉武帝刘彻（前156—前87），是汉景帝刘启的第十个儿子，七岁时被立为太子，十六岁登基，统治历程长达五十四年。他的雄才大略，文治武功，使得他统治下的西汉甚至比罗马帝国还要繁荣昌盛，成为当时世界上最强大的国家，也成为了世界文明无可争议的中心。而汉武帝的时代，也成为中华民族历史上最值得自豪和夸耀的伟大时代之一。

汉武帝刘彻的父亲汉景帝在位的时候，早已立了太子，但太子不是刘彻。刘彻的母亲非常希望自己的儿子成为太子，进而继承皇位。当时的长公主，也就是景帝的姐姐、刘彻的姑母，颇有权势。由于刘彻的母亲和长公主关系较好，加上刘彻的母亲许诺刘彻与长公主的女儿阿娇的婚事，长公主自然为刘彻成为太子出力了。据说当时长公主问年少的刘彻说，我把女儿嫁给你如何？刘彻说，如果得到阿娇，我就用金屋来藏她。于是“金屋藏娇”便由此而来。后来太子出了事，长公主便极力劝景帝废太子，立刘彻为太子。景帝死后，刘彻成为皇帝，也就是汉武帝。阿娇自然成了皇后，但一直受汉武帝冷落。后来因为有过错被废。

刘彻是中国历史上第一个使用年号的皇帝。建元六年太皇太后窦氏驾崩，刘彻终于主持了大政。元光元年(前134)间，他召见名儒董仲舒。董氏向他提出著名的“天人三策”，汉武帝决心由此而推行全面改革。他注重削弱诸侯的势力，颁布推恩令，让诸侯封他们的儿子为侯，使诸侯的封地被分裂。同时他加强对地方的控制，引入刺史的官级。在军队和经济上他也加强中央集权，由中央管理冶铁、煮盐、酿酒等，同时禁止诸侯国铸钱，将财政集中于自己手中。他采用董仲舒的建议，“罢黜百家，独尊儒术”，为儒学在中国古代的特殊地位铺平了道路。但是一般认为他利用儒学统一思想，同时采用法术、刑名以加强统治，即是所谓的“表儒法里”。当时积极启用的汲黯和对司马迁用宫刑即是其中著名的例子。

汉朝常受匈奴的骚扰，汉武帝在位期间，为了对付匈奴，于公元前138年，派张骞出使西域，联络西域的大月氏共同对付匈奴。张骞历尽艰难终于到达大月氏，但大月氏已迁移，不再受匈奴的威胁而不想打匈奴。张骞虽然没有达到目的，但回到长安，将西域的风土人情告知汉武帝。公元前119年，汉武帝再次派张骞出使西域，与西域各国进行文化经济上的交流，并建立了友好关系。他派张骞出使西域，打通了丝绸之路，加强了对西域的统治，并促进了中西经济文化的交流。

除了对匈奴进行征伐，解除匈奴威胁，保障了北方经济文化的发展外，刘彻还一举消灭了夜郎、南越政权，先后在西南建立了七个郡，并使今天的两广地区自秦朝后重归中国版图。

在东方，他派兵灭卫氏朝鲜(朝鲜北部)，置为乐浪、玄菟、临屯、真番四郡。对外采取的软硬兼施及汉武帝晚期由于连年对匈奴和西域用兵，并常常举行封禅，祀神求仙，挥霍无度，财政上徭役加重，捐税增高，致使大量农民破产流亡。天汉二年(前 99)，齐、楚、燕、赵和南阳等地均爆发了农民起义。汉武帝曾在轮台颁下《轮台罪己诏》：“朕继位以来，所为狂悖，使天下愁苦，不可追悔。自今事有伤害百姓，靡费天下者，悉罢之!”以表示承认自己的错误。

汉武帝有六个儿子，卫子夫所生的刘据，是武帝第二个儿子，曾被立为太子，被江充诬告而自杀。第三子燕王刘旦和第四子广陵王刘胥都有过错，于是选中幼子刘弗陵继位。公元前 88 年，汉武帝叫人画了一张“周公背成王朝诸侯图”送给霍光，意思是让霍光辅佐他的小儿子刘弗陵做皇帝。当时太子年幼，为防止太子的年轻母亲钩弋夫人重演吕后称制的局面，汉武帝狠下心借口处死了她。公元前 87 年，汉武帝驾崩，葬于茂陵，庙号为世宗。

王昭君小传

王昭君，姓王名嫱，南郡秭归（今湖北省兴山县）人。匈奴呼韩邪单于后，风姿秀美，是中国古代四大美女之一。

公元前 52 年王昭君出生于南郡秭归县宝坪村，今湖北省兴山县昭君村。三国时景帝孙休在永安三年(260)分秭归北界为兴山县，香溪为邑界，汉王嫱即此邑之人，故云昭君之县。其父王穰老来得女，视为掌上明珠，兄嫂也对其宠爱有加。王昭君天生丽质，聪慧异常，琴棋书画，无所不精，“娥眉绝世不可寻，能使花羞在上林”。昭君的绝世才貌，顺着香溪水传遍南郡，传至京城。公元前 36 年，汉元帝昭示天下，遍选秀女，王昭君为南郡首选。元帝下诏，命其择吉日进京。其父王穰不舍，无奈不敢违抗圣命。

公元前 36 年仲春，王昭君泪别父母乡亲，登上雕花龙凤官船顺香溪、入长江、逆汉水、过秦岭，历时三月之久，于同年初夏到达京城长安，为掖庭待诏。王昭君进宫后，因自恃貌美，不肯贿赂画师毛延寿，毛便在她的画像上点些破绽。昭君便被贬入冷宫三年，无缘面君。

公元前 33 年，呼韩邪单于再一次到长安，要求和亲。元帝许。汉朝和匈奴和亲，都得挑个公主或者宗室的女儿。这回，汉元帝决定挑个宫女给他，他吩咐人到后宫去传话：“谁愿意到匈奴去，皇上就把她当公主看待。”后宫的宫女都是从民间选来的，她们一进皇宫，就像鸟儿被关进笼里一样，都巴望有一天能把她们放出宫去。但是听说要离开本国到匈奴去，却又不乐意。而王嫱却另有见识，自愿到匈奴去和亲。元帝遂择日让呼韩邪单于和王昭君在长安成亲。呼韩邪单于和王昭君向汉元帝谢恩的时候，汉元帝看到昭君又美丽又大方，使汉宫为之生色。

昭君出塞后，汉匈两族团结和睦，国泰民安，“边城晏闭，牛马布野，三世无犬吠之警，黎庶忘干戈之役”，展现出欣欣向荣的和平景象。公元前31年，呼韩邪单于亡故，留下一子，名伊屠智伢师，后为匈奴右日逐王。当时，王昭君以大局为重，忍受极大委屈，按照匈奴“父死，妻其后母”的风俗，嫁给呼韩邪的长子复株累单于雕陶莫皋，又生二女，长女名须卜居次，次女名当于居次。公元前20年，复株累单于又死，昭君自此寡居。一年后，三十三岁的绝代佳人王昭君去世，厚葬于今呼和浩特市南郊，墓依大青山、傍黄河水。后人称之为“青冢”。到了晋朝，为避晋太祖司马昭的讳，改称明君，史称“明妃”。

东汉王朝在轰轰烈烈的农民起义中开始，又在轰轰烈烈的农民起义中结束。

第六章　东汉王朝

王莽企图将西汉王朝改名换姓，虽然他控制了朝廷里的刘家子孙，却没能控制住朝廷以外的刘家血脉。在他一系列不得民心的措施下，终于引发了社会新的变革。

之后的农民起义，让刘家子孙又开辟了一个新的政治舞台，光武帝刘秀采取了一系列安抚民心的政策，让汉朝又有了一次大的发展，但刘家的子孙始终逃脱不了外戚、宦官的威胁，始终没有记住西汉覆灭的教训。在外戚、宦官的干预下，东汉在一次次农民起义中走向了衰落，最终导致了东汉末年三分天下的局面。

一、绿林军起义

西汉末年，王莽的一系列措施弄得社会动荡不安，土地兼并的情况十分严重，统治阶级占据了大量的土地，并且基本都是比较好的土地，而穷苦的农民几乎没有站脚的地方，生活十分艰难，很多人被迫卖身为奴，有的则流亡他乡，饿死路旁。流民的增多，让社会的不安定因素急剧上升。

王莽上台之后，他改制的主要内容有两项，一是把全国田地和私家奴婢归为公有；二是改变币制。第一项没得到好的效果，三年之后便废除了。第二项实际上是一种掠夺财富的手段，币种的不统一和换算方式的不合理，使得很多人倾家荡产。全国局势愈加紧张，在这节骨眼儿上，王莽为了转移视线，又发动了对匈奴和东北、西南境内少数民族的战争。天灾很重的湖北和山东两省农民再也无法忍受，他们这样下去只有等死，很多人开始造反起义。

"王莽不让咱们活，咱们也不让他好过了!"公元 17 年，湖北的灾民们首先喊出口号，在王匡和王凤两兄弟的带领下，聚集在绿林山里，公开跟新朝政府对抗。他们的队伍也就因此而得名，叫作"绿林军"。他们迅速组织起来，杀富济贫，专门打劫地主大户，抢他们的粮食钱财和武器，周围很多人听说之后，都来投奔，短短几个月的时间，起义的队伍就发展到七八千人，声势越来越大。

一年以后，樊崇领导山东莒县的灾民也起来反抗，由于他打起仗相当勇猛，特别善战，名声很快四处传播，当时山东也是重灾区，起义军队也很多，很多小股义军都来投奔他。樊崇对部下严格要求说："不准伤害老百姓，谁敢违抗军令，格杀勿论!"这样深得民心，老百姓都愿意帮助他们。从此，樊崇领导这支义

绿林起义

军转战山东、河南一带，声势浩大，他们把眉毛涂成红色，号称"赤眉军"。

绿林军在同新朝军队的战斗中不断发展壮大，在进攻河南南阳时，军营外来了两个人，一个叫刘玄，一个叫刘秀，他俩是西汉皇室的后代，也要加入绿林军。由于他们的加入，让绿林军更加有说服力，他们成了夺取刘家天下的王师。绿林、赤眉两路起义军的声势终于惊动了新朝政府，王莽气得火冒三丈，他征发各地精兵四十万，号称百万雄师，在洛阳集中，准备先把绿林军打败，再去对付赤眉军。王寻、王邑带着新朝的军队，很自信地出

征了。

新朝大军赶到昆阳，重重包围了绿林军占据的昆阳城。当时城里的守军只有八九千人，看到敌人这么多，军心涣散。首领王凤也愁得直叹气。这时刘秀找到他说："依照目前形势来看，只有派人突围，到军情不是十分严重的郾县、定陵求救，搬兵解围。要是将军放心的话，我打算亲自带兵突破围城，调集援军。"王凤此时已经没有对策，只好死马当活马医了。刘秀当晚带领十二名轻骑兵趁着天黑开始向外冲，经过一番战斗，他们总算突围成功了。

刘秀像

按照事先约定好的策略，刘秀从郾县、定陵军营中挑选出三千名精壮骑兵，从背后猛攻敌军。由于事出突然，进攻也非常凶猛，霎时间，刀光剑影，血肉横飞，惨叫连天，莽军一片混乱。而此时王寻、王邑两人正在和歌伎舞女作乐呢，昆阳城内的绿林军乘机杀了出来，内外夹击，绿林军像久困的野兽一样左突右杀，喊杀声惊天动地。王寻、王邑是王家的人，本来就没有带兵打仗的能力，一看敌人冲出来了，慌忙逃跑。他们一跑军心更乱，绿林军以一当百，往返冲杀，脚底所踩皆是莽军的尸体。

军营附近有条大河叫泄水，四十万大军为了逃命一齐奔向那里，企图渡水逃生。一时间他们乱作一团，一点也没有正规军的样子，相互践踏，不知又死了多少人。王邑混在逃兵中，捡了一条命，王寻被绿林军杀死。这一仗以绿林军的全面胜利而告终，这就是历史上著名的以少胜多的昆阳之战。

昆阳大捷之后，王莽新朝受到重挫，绿林军趁势直捣长安，势如破竹，长安城内听说绿林军到了，很多受压迫的人也组织起来，举行起义，放火烧皇宫，打进未央宫内。王莽吓得魂飞魄散，还没来得及逃跑就被义军抓住，结果落了个乱刃分尸的下场。

绿林军进入长安，由于刘家祖孙在营中，他们纷纷拥护刘玄做皇帝，刘秀的哥哥刘缜也想当皇帝，总不服刘玄，相互对抗。刘秀是个聪明人，为了避开政治斗争的旋涡，他带兵渡过黄河，退避三舍。果然，一段时间后，刘玄杀了刘缜。

绿林军、赤眉军在全国范围内掀起了起义浪潮，他们的起义推翻了腐朽无能的新朝，历史翻开了新的篇章。这是中国历史上继陈胜、吴广起义之后，第二次大的农民起义。

二、光武中兴

绿林军之后，刘玄做了皇帝，杀害了刘秀的哥哥，由于刘玄荒淫无度，刘秀开始收编各地农民起义部队，又和赤眉军联合，一起攻进长安，建立东汉。之后就剿灭了赤眉军，稳定了当时的政权。

光武帝刘秀建立东汉并剿灭农民起义军之后，天下并未真正的统一，各地还有不少占山为王式的割据势力。刘秀又采用不同的方法来对付各个不同的割据势力，有些采用劝降的办法，有些强硬的人就采用强攻的方式来解决。最终平定了各地的割据，建立了一个统一的王朝，由于定都洛阳，和当时的长安一东一西，所以历史上称其为东汉。

东汉建立伊始，刘秀就努力要“中兴”刘家天下的统治，重新回到汉朝最兴盛时期的样子。刘秀是一个很有才干而且贤明的皇帝，他一方面设法尽快恢复经济，另一方面要废除王莽之前的一些制度，让西汉时期的各项制度重新启用。

他释放了大批在王莽时期因没有土地而不得不卖身的奴婢，还根据战后军人众多而人口下降，劳动力不足的情况，采用“精兵简政”的方法。所谓精兵简政，是指东汉初期裁减官吏和复员军队等。刘秀将大量的军人释放回家，这样既减轻了因供养军队而增加的徭役，又让大量的劳动力回到了劳动生产中去。此外，刘秀还鼓励流民返乡生产，并把一些荒地、公田赐予贫民耕种。这些措施对农业生产的恢复和发展都起了积极的作用。

刘秀还采用了减轻赋税，量化人口，限制地主豪强，将部分田地还给农民等一系列措施加强社会的稳定。

东汉初，跟随刘秀打天下的功臣很多，刘秀采用方法将这些人安抚，又采用“退功臣”、“进文吏”的措施，让熟悉儒家经典和封建典章制度的儒学之士为官。他还大力避免外戚专权，很多人只有地位而没有权力，这样让当时的社会减少了很多不安定因素。

为加强中央对地方的控制，刘秀在恢复西汉制度的基础上，主要实行了两项改革措施：一是扩大刺史权力。刺史简单说也就是当时的国中之国，拥有极大的权力，辖区范围内的官吏可以由刺史来任免。二是集军权于中央。这样，全国军队的指挥权进一步集中到皇帝手中。但是这样却造成了东汉末年刺史实力越来越强，最终酿成军阀割据的局面。

三、马皇后母仪天下

明德马皇后（40—79），扶风茂陵（今陕西兴平东北）人，她是东汉时期著名大将伏波将军马援的小女儿，后来成为汉明帝的皇后。父亲去世时她刚刚十岁，母亲因为过度悲伤而不能操持家务，她虽然是家中最小的一个孩子，但却能像成年人那样操持家务，比她的两位姐姐更加懂事。建武二十八年（52），光武帝为儿子刘庄选择妃子，马皇后的堂兄马严向汉光武帝上书，恳请皇帝念在马援有功于国家的分上，从马援的三个女儿中为太子刘庄选妃。由于她才貌双全，被选入太子宫中，当时只有十三岁。她小时候非常聪明，生性谦逊，很会照顾人，深得当时的阴皇后喜爱。

茂陵全景

中元二年（57），光武帝刘秀病逝，太子刘庄登基，他就是历史上的汉明帝。汉明帝继位的那年，马氏已经二十岁，在他继位之后就封马氏为贵人。后来汉明帝一直想立马氏做正宫皇后，但由于朝中关于皇后人选说法不一，所以又不愿意由自己提出。

永平三年（60）春，有人揣摩出了他的心思，建议汉明帝立马氏为后，为了征求皇太后的建议，他到皇太后寝宫问太后有什么看法，皇太后说：“马贵人德冠后宫，即其人也。”结果她毫无争议地被立为皇后。但是她一直没有为皇上生下儿子，这是一个非常大的遗憾，在当时的规矩里，皇后如果没有儿子，很可能会被废掉。她有一个姐姐是和她同时入宫的，生下了一个男孩，取名叫刘炟，明帝很喜欢马氏，为了让她长久、稳定地坐皇后的位置，就把这个孩子交给马氏抚养，马氏对这个孩子像对待自己的亲生儿子一样，母子俩的关系非常好。

马皇后做了正宫皇后之后，仍然像从前那样虚心待人，一点儿也不摆架子，更不会浪费钱去讲排场。她身为一国之母，穿些漂亮衣服应该是很自然的事情，但是她却没有这么做，她平常穿的衣服，大都是用粗布做成的。虽然这样，在那些忙着争奇斗艳的后宫嫔妃们面前依然显示出了自己的端庄大方，其他嫔妃都觉得很奇怪，就问她为什么总是喜欢穿这样的衣服。马皇后笑着回答说：“这种布料其实也并不坏啊，并且它染上颜色也不容易褪色。”那些妃子一听都不好意思了，身为皇后，还这么在意衣服褪不褪色的问题，这让她们觉得非常地惭愧。马皇后又继续说：“我作为国母，仍然穿粗布衣裳，另一个目的就是给外戚做一个表率。前些天，我去濯龙园，那些外戚来请安的，车水马龙，就连他们的仆人也穿着华贵，并且领子、袖口还镶着崭新的白边。当时，虽然我没有责怪他们，但从那以后，我减少了他们的费用，希望他们自己感到惭愧。我一定不能辜负先帝的遗愿，让外戚影响国家的大事啊！”

汉明帝继位的时候还很年轻，很喜欢四处游玩，马皇后总是劝他要专心政事，并且还能帮助明帝解决朝廷里的一些事情。大家都知道马皇后知书达理，并且还懂得《周易》，好读《春秋》、《楚辞》，特别喜欢《周礼》和董仲舒的著作。她经常用儒家的思想规范自己的行为，并对明帝也产生了影响。有一次，汉明帝见马皇后很用功地在读书，就想试试她究竟有多少才识。他把部分大臣们的奏章拿来给她看，并且问她奏章里的事情应该怎么处理。马皇后认真读了奏章，并且仔细斟酌了一会儿，提出很多很有见地的想法，并一条一条讲解得很有道理，明帝见了非常佩服。从此以后，在朝廷上凡是遇到比较棘手的事情，汉明帝就会征求马皇后的意见。

董仲舒像

明帝当了十八年的皇帝，一直是兢兢业业地管理着国家大事。后来，由于疾病，他去世了，太子刘炟继位做了皇帝，他就是汉章帝。马皇后也顺理成章地做了皇太后。为了能让章帝做一个合格的好皇帝，她亲自动笔给章帝写了一篇《起居注》，汉章帝读后深受触动。汉章帝很希望能为自己的舅舅封侯，就找马太后商量，他恳求马太后说："自从汉朝建立以来，封舅父为列侯，就像封皇子为诸侯王一样，已经是汉朝的惯例了。我想给我的舅父们一点好处，再说大舅父年事已高，两个小舅父也经常有病，如若他们在临终前不能封

汉印

侯，岂不是要让我后悔一辈子吗?”

公元 76 年夏天，各地普遍发生了旱灾。有些大臣为了讨好章帝和太后，纷纷给汉章帝上书，说这次旱灾是上天因为皇帝不分封外戚而引起的，为了解决目前的干旱，希望他们能像汉光武帝对待马家的人那样，封马防等人为列侯。章帝本来就有这个意思，大臣们一挑唆，立刻准备实施。但是马太后知道后非常生气，特意下了一道关于这件事的诏书，大意是说：“天旱不旱，与封不封侯有什么关系？你们这样做无非就是想讨好皇帝，为自己谋求富贵罢了，西汉的汉成帝在位的时候，重用外戚，把王家五个人同时封了侯，但天也没有下雨。虽然光武帝在位的时候，确实有几个外戚封了侯，但是那是因为他们跟随着光武帝打天下，立下了战功，现在天下太平，马家的人毫无功劳，凭什么封侯啊?”

汉章帝读了这道诏书，封侯的事情也就作罢了。后来传言，马家的人仗着马太后，在外面做坏事，马太后听说后，还专门下了一道诏书，其中明确规定：马家人同样应该受到王法的约束，以后凡是马家的人和马家的亲属，如果有扰乱地方事务，走后门办私事，干预官员办公的人，一律依法严办。这道诏书颁布之后，马家的人和其他外戚都收敛很多，一段时期内谁也不敢做犯法的事了。

但是后来，在马皇后病重的时候，章帝还是封了马家三人为侯。自此，也掀起了外戚重新控制朝廷的浪潮，之后的几个皇帝都采用封外戚的办法，让汉朝逐渐走向了衰败。

建初四年，马太后去世。由于历史原因，她最终连名字也没有留下，但她的事迹却让后人铭记。她是中国历史上少有的能严于律己，约束外戚的皇后。

四、外戚宦官干政

东汉时期，由于章帝没有继承光武帝的遗制，也没有听从马太后的劝告，封了大量外戚，让他们掌握大权，之后的几代皇帝都经历了皇权旁落的局面。外戚、宦官专权成为汉王朝后期的一大政治毒瘤，铲除了这个外戚，又兴起了另一家外戚，之后宦官又登上政治舞台，彻底将东汉江山撼动。

光武帝刘秀在位的时候，鉴于西汉时期王家外戚干预朝政，最终由王莽推翻西汉，代替汉朝的教训，他不让外戚干预政事，还下令外戚阴、邓等家互相纠察，发现问题及时矫正。鉴于当时也有外戚在东汉建立中立下战功，不得已而封赏，但是这些人只能享受荣华富贵，而不掌握朝廷的权力。对于宗室诸王，光武帝也严格限制其实力的发展，不让他们拥有自己的军队。后来为了巩固政权，他还削弱了一些诸侯王的力量，屡次劝告不改正的抓捕起来，受到牵连的达数千人之多。他采用一系列措施巩固皇权，让东汉的政局稳定下来。

到了汉章帝之后，皇权就被一些有势力的外戚把持，章帝以后的皇帝大多幼年继位，由于没有执政能力，而由皇太后临朝称制。太后执政，为外戚的发展壮大提供了土壤，她们往往依靠娘家人，于是，外戚便粉墨登场，挟持幼帝，实际上由他们执掌朝

东汉·驼车

政，形成外戚专权的局面。也有一些皇帝长大后，不甘于这样的局面，更不甘心当傀儡皇帝，于是就与外戚明里暗里发生种种矛盾。皇帝为了夺回皇权，就必须找到新的依靠点，而宦官久居宫中，散布于宫廷每一个角落，成了皇帝新的选择，但有的宦官帮助皇帝夺取权力之后，又把权力掌握在自己的手中不肯放手，从而又形成宦官专权的局面。皇帝死后，另一外戚集团又挟持幼帝夺权，皇帝长大后，又不得不依靠宦官夺权。东汉章帝之后，就是在这样的政治局面中往复循环，直接导致了东汉外戚宦官交替专政的混乱局面，他们上台之后，都大力扶持自己的势力，让当时的社会矛盾重重、危机四伏。

公元 88 年，汉章帝驾崩，年仅十岁的汉和帝继位。由于年幼，尚不能打理朝政，又不愿意由外人来分享权力，就由小皇帝的养母窦太后临朝称制，这样一来，他的母舅窦宪实际上总揽了朝政大权。封建社会自古就有“一人得道，鸡犬升天”的情况，窦氏外戚集团也一样很快都得到了重用，但是有些子弟，根本胸无大志，占据重要位置不为国家谋福利，还骄纵不法，胡作非为。随后，匈奴看新皇帝继位，年纪尚小，想趁机进犯，窦宪迎敌，获得了完胜，窦氏家族的嚣张气焰更是高涨，刘家朝廷实际成了窦氏的天下。

公元 92 年，汉和帝逐渐长大成人，他对窦氏掌握大权非常不满，但朝中大臣都被窦氏控制，很难找到合适的依靠，朝外的人又鞭长莫及，对朝廷产生的影响力有限，所以他依靠宦官郑众等人，消灭了窦氏势力。郑众因为夺权有功，破例被封侯，参与政事，从此宦官势力开始增长起来。

公元 105 年，和帝去世，邓皇后为了能让自己的外戚掌握权力，废除了和帝的长子，立出生仅百日的婴儿为帝，即殇帝，她每天临朝称制，把持政权。不久殇帝也死了（原因不明），邓太后又让十三岁刘家子孙刘祜继位，就是安帝，他每日临朝，但更多的权力放给自己的兄长邓骘。邓太后是个聪明人，她总结和吸取窦氏失败的教训，适当地抑制她家子弟的权力，更多地依靠宦官来控制政权，而她自己控制宦官。

东汉·四骑画像砖

安帝亲政后，采用之前皇帝的策略，拉拢了一批自己的亲信宦官李闰、江京等人，与他们合谋消灭了邓氏势力。由他的舅父阎显和另一个外戚耿宝并为校卿，掌握禁兵，负责皇宫的守卫，宦官李闰等人掌握朝廷权力，在汉朝历史上第一次形成外戚、宦官共同把持朝政的局面。外戚、宦官本是政治统治的毒瘤，这时候他们又狼狈为奸，盘剥百姓，让老百姓陷入水深火热之中。

公元 125 年，安帝去世，阎显仗着自己的妹妹为皇太后，就独揽朝政，开始排斥宦官。在外戚与宦官的明争暗斗中，宦官孙程等得势，消灭了阎氏集团，迎立被废的皇太子刘保为顺帝。顺帝继位时年仅十一岁，宦官立他是考虑到其生母李氏已被阎氏所害，顺帝继位之后，没有外戚与他们争夺权力。顺帝长大之后，对居功自傲的宦官给予严厉打击，限制了他们的权力，没有因宦官把持朝政而酿成新的祸端。

公元 135 年梁商被封为大将军，朝政逐渐为梁氏外戚集团所把持，梁商死后，他的儿子梁冀继任了大将军职位，外戚第一次控制朝廷的军队，这也让外戚专权达到登峰造极的地步。公元 144 年，顺帝驾崩，梁太后抱着他两岁的儿子放到了宝座上，历史上称为冲帝。冲帝在位一年，因不明原因去世。为了继续挟持幼帝的把戏，梁太后与梁冀商量，又从皇族中选定一个八岁的孩子，让他来坐皇帝的宝座，外戚继续控制朝廷的政权……

就这样，在一轮又一轮的外戚、宦官专权中，汉朝的江山已经岌岌可危了。总结这些在位的皇帝，大多年幼登上宝座，而又在长大之后想办法夺取政权，但死后，就又陷入了新一轮的较量。这些足以说明，当时外戚和宦官干政已经成为了一种风气，形成了一个难以割掉的政治毒瘤。

五、汉桓帝卖官鬻爵

汉桓帝刘志（132—167），他是东汉时期的第十位皇帝，公元 147—167 年在位，汉章帝的曾孙，在位二十一年。公元 146 年，由于当时的小皇帝口无遮拦，对外戚梁冀说了不敬之话，梁冀就毒死九岁的汉质帝。在这之后，由谁来做皇帝又成了一件事情，他左右权衡，认为刘志是个合适的人选。刘志当时只有十五岁，但已经承袭了他父亲的爵位。梁冀因刘缵一事的刺激，意识到年幼不是择帝的唯一标准，还要亲上加亲，而刘志是自己亲妹妹的丈夫，符合这个标准。于是，公元 146 年，在梁冀的拥戴下，刘志坐上了皇帝的宝座。刘志在没有坐上皇帝位置的时候，就对梁氏不满，虽然他是靠着梁家人的推崇才意外登上皇帝宝座的，但他继位后，依然想找机会消灭梁氏。

到桓帝时期，梁冀家族中，先后有七位侯爵，三位皇后，六位贵人，二位大将军，夫人妻女食邑称为君的有七人，娶了公主的三人，其他卿、将、尹、校五十七人。家中的财富达到三十亿，几乎整个国家的财富都被聚敛到他的家族里。当时朝廷任命，全由梁冀做主，所有五品以上的官员被任命后，都要去他家进行拜访，这拜访当然不能空手而去，大量的金银珠宝必不可少，他其实成了当时真正的“皇帝”。

延熹二年（159），汉桓帝在宦官单超等五人的策动下，一举消灭了梁氏。据说，这次消灭梁氏的很多决策都是在厕所中商量的，因为当时梁家的人遍布朝廷内外，他也只能利用这样的地方，和这些宦官来商谈这件事情了。就在消灭梁氏的当日，立刻就封这几个人为侯，历史上称“五侯”。五侯掌握大权后，削弱了外戚的势力，但他们在权力日益膨胀的情况下，变得更加腐朽，他们对百姓们明抢暗夺，弄得民不聊生，怨声载道。

汉桓帝在位时间二十一年，而前十三年，他势力单薄，只是傀儡皇帝，真正的朝政大权由外戚梁冀一手把持。在二十八岁亲政后，汉桓帝才在宦官势力的帮助下，获得了政权。

汉桓帝一生惟一能称得上政绩的，就是消灭了梁氏，但又招致宦官专权时代的到来。宦官为了更好地把持朝政，四处给他搜罗美女，分散他的注意力。据史料记载，他的后宫藏佳丽万千，以满足其奢侈荒淫的放纵生活。他为了获得更多的社会财富，在几个宦官的教唆下，公开“卖官鬻爵”，严重破坏了东汉的政治法规，败坏了社会风气，引发了激烈的社会矛盾和阶级矛盾，让有钱有势的人势力更加膨胀，有才

东汉·弋射收获画像砖

能的人失去了为朝廷效力的机会，实际上加速了东汉王朝的覆灭。

这些人横行霸道，穷奢极侈，倒行逆施，他们本无参政议政的权力，但他们左右皇帝，控制朝中大臣，把东汉朝廷弄得乌烟瘴气。实际上很多具体事情，都是由他们决定的，他们不但在朝廷控制局面，还在地方上安排爪牙，把从中央到地方的各级政务，都牢牢控制在自己的手里。甚至还强抢民女，霸占民田民宅，大兴土木。由于宦官无子，但为了扩大自己的势力，大多收养义子，一些溜须拍马之人趁机得势。宦官让这些人继承自己的爵位，出入都非常排场，他们卖官鬻爵，给一定的官职标明价格，有钱的人就可以去做官，这些官吏大多都是无能、贪婪、暴虐之徒，鱼肉乡里。东汉的社会矛盾不断尖锐和激化起来，人民群众开始觉醒，奋起反抗了。

外戚和宦官交替专权，是东汉政局的一大特征。当时的皇帝走马观花一样换来换去，大多都是年少无知的孩子，多年以后，太后势力强大，娘家党羽众多，宦官身居宫中，自然也不甘落后。他们都以皇帝为筹码，在宫廷中明争暗斗，把持朝政大权，他们才是当时的真“皇帝”。汉高祖刘邦和光武帝刘秀开创的汉朝江山，就这样在外戚和宦官这两股势力手中摇摇欲坠了。

六、黄巾起义

东汉朝经历了光武中兴之后，又渐渐走向了没落，大权落入旁人之手。宦官和外戚开始争权夺利，使得社会不安定，加深了人民的痛苦。而且当时全国各地接连不断地闹水灾、旱灾和蝗灾。农民又到了没有活路的时候，很多人只好离开家乡，四处逃亡。流民聚集，四处乞讨，风餐露宿，很多人都饿死或者冻死在路上。当时的首都洛阳街头，经常可以看到这样的流民尸体。在这样的情况下，农民起义再一次爆发，虽然汉朝军队对起义军队进行了残酷的镇压，可是起义就像扑不灭的火焰一样，四处燃烧。从汉安帝刘祜年间起，小规模的农民起义已时有发生。到汉灵帝刘宏在位的时候，终于爆发了一次波澜壮阔的黄巾军大起义。

黄巾军起义

黄巾起义的首领是张角。

张角是巨鹿(今河北省平乡县西南)人，他先前是太平道的首领。太平道是我国宗教道教的一个流派，以《太平清领书》作为他们的经典，宣传“黄天太平”思想，认为只有到了太平时代，老百姓才能不愁吃穿，过着无忧无虑的日子。张角经常劝老百姓参加自己的太平道，鼓吹进了这个教之后就可以摆脱穷苦。在当时的世道下，大家都纷纷信奉太平道，希望摆脱当时的困境，张角的信徒也越来越多。在青、徐、幽、冀、荆、扬、兖、豫八州，太平道的信徒很快就发展到几十万人。

张角利用自己的信徒，开始组织大家起义，他把自己的信徒分为三十六方，大方大概有一万多人，小方也有六七千人，每一方都指派一亲信去领导，被称作渠帅。三十六个渠帅都听张角统一指挥。张角是个懂得利用迷信来鼓动大众的人，他为了让自己的起义军队更具有号召力，还制定了“苍天已死，黄天当立，岁在甲子，天下大吉”的十六字起义口号。这里的“苍天”是指东汉，“黄天”指的就是起义军要创造的太平盛世，甲子是年号，就是汉灵帝中平元年(184)，他们准备在这一年的三月初五，八个州同时发动起义。张角还派人在首都洛阳地方州郡官府的门上，用白土写上“甲子”的字样，表明这些官府衙门到时候都将改变主人，他采用这一系列的举动，极大地鼓舞了当时信徒的士气。

张角手下最得力的弟子是渠帅之一的马元义，他经常受命到首都洛阳和各地的义军联系，传达张角的命令。张角命令他先把荆州、扬州等地的信徒几万人调到邺城(今河南省安阳市北)集中，让他们担当起义军的主力，配合首都附近各州郡的起义军进攻洛阳。

当时张角的信徒有几十万人，这个消息自然也就不能十分地保密，在他们预定的起义日期前一个月，济南的起义军中有一个名叫唐周的叛徒，写信给政府告密，起义的消息泄露了。东汉朝廷知道后，非常吃惊，马上派人逮捕了马元义，在洛阳当众把他杀害。之后又在洛阳抓捕了一千多人，东汉政府还下令搜捕张角。张角得知消息后，连夜派人赶去通知各地的信徒，叫他们立即发动起义。

虽然叛徒的告密打乱了起义军的日程安排，使得起义军牺牲了一个重要领袖，但是并没有阻挡得住这次起义的烈火，各地的太平道信徒接到张角的命令以后，三十六方相继发动起义。起义军用黄巾裹头，作为“黄天”的标志，因此被称为黄巾军。张角称自己为天公将军，他把自己的两个弟弟张宝和张梁分别称为地公将军和人公将军，他们三个人共同指挥起义军的战斗。

起义军大有替天行道的意思，他们每打到一个地方，就焚烧当地官府的衙门，攻打豪强地主的家园，捕杀曾经残害人民、为非作歹的官吏和地主。其他地方的贵族豪绅听到这个消息后，吓得四处逃散，没几天的工夫，封建统治的秩序就被打乱了。

东汉书法

东汉朝廷十分惊慌，已经顾不得其他地方的防务，他们派重兵守住洛阳和附近的关口，虽然

黄巾农民起义作战地图

他们也派了一些军队前去镇压，但是由于黄巾军声势浩大，汉军看了都不敢作战。

经过几场仗下来，老奸巨猾的皇甫嵩，看出了黄巾军缺乏作战经验的弱点，他召集自己的部下说："打仗不在乎人多人少，而在于运用计谋，我看黄巾军结草为营，这是兵家大忌，如果我们在月黑风紧的夜晚去偷袭，放火烧他们的营寨，准能取得胜利。"不久，在一个刮风的夜晚，皇甫嵩就命令官军按照部署好的计划偷袭黄巾军，放火焚烧他们的军营。黄巾军当时还在梦中，看到大火，赶快整顿队伍，奋勇抵抗，可是已经迟了。皇甫嵩、朱俊和骑兵都尉曹操率领官兵，包围了黄巾军，杀死杀伤上万人。汝南、陈留两地的黄巾军闻讯赶来援救，也被事先埋伏的汉军打败。

北方的张角率领的黄巾军打了胜仗，打败了东汉的两名大将。汉灵帝命令皇甫嵩从河南北上，对黄巾军形成夹击之势。张角派张梁迎战皇甫嵩，两军在广宗(今河北省威县东)地方大战。张梁作战很勇猛，他率领黄巾军奋勇冲杀，汉军招架不住，只好紧闭营门，藏了起来。后来就在双方战局十分紧张的时候，张角得病死了，张梁因为悲伤过度，只顾料理哥哥的后事，放松了警惕，皇甫嵩乘机向黄巾军反扑。他命令官军在天刚蒙蒙亮的时候就发动进攻，打破了黄巾军的大营。张梁率领部下奋勇抵抗，他和三万多名黄巾军壮烈牺牲。皇甫嵩为了邀功请赏，劈开张角的棺材，砍下他的脑袋，送到京城里去请功。接着，皇甫嵩又率军追击张宝率领的黄巾军。张宝势孤力单，在下曲阳(今河北省晋县西)战死。

黄巾军的主力被东汉政府镇压下去了。但是各地黄巾军仍然在不断战斗，沉重地打击东汉朝廷的统治。在黄巾军影响下，东汉政府走向了四分五裂的局面，在镇压黄巾军的过程中，有些人着力培养自己的势力，为以后三国纷争打下了基础。

七、傀儡皇帝，汉朝名存实亡

汉献帝是东汉最后一个皇帝，他的名字叫刘协，他的父亲是东汉时期有名的昏君汉灵帝。他从当上皇帝之后，就是一个傀儡皇帝，先是做了董卓的傀儡，之后王允、吕布杀了董卓，大权落入了王允的手中，他依然是个傀儡皇帝，听这些权臣的摆布。接着凉州的军阀李榷等人杀死了王允，赶走了吕布，汉献帝又落入了他们手中。最后，曹操父子又杀死了李榷，由曹操父子“挟天子以令诸侯”。可以说，年幼的汉献帝始终是别人手中的玩物，玩弄权利的牺牲品，虽然他坐在皇帝的宝座上，但是却没有任何的权力。

刘协在幼年的时候，同样也经历了外戚和宦官交替掌权的政治局面，围绕着至高无上的皇权，汉朝展开了血雨腥风的杀戮。九岁那年，他被当时的权臣丞相董卓立为皇帝，随后就开始了他一生傀儡皇帝的生涯。他就像一个被人玩弄的玩具，各种势力争来抢去，把他当作号令天下的棋子，但没有任何一个人对他有敬重之意，完全失去了作为皇帝的威严，甚至失去了做人的尊严。到后来，刘协落入曹氏父子手中，在曹操和曹丕的利用和威逼下，继续做着别人的棋子。

公元220年，曹氏的势力已经非常强大，不再需要他这个傀儡皇帝作为自己夺取政权的幌子，就这样，汉献帝结束了自己的“统治”生涯，将汉室江山让给曹操之子曹丕，结束了自己屈辱悲惨的一生，同时也将汉朝几百年的历史画上了句号。

回味汉朝的历史，我们不难发现，到了东汉末年，大多数皇帝年幼登基，外戚和宦官交替掌权是这一时期政治局势的特点，汉朝也在这种反常的统治中渐渐走向了衰落。这些小皇帝大都沦为外戚和宦官们争权夺势的工具，虽然其间也有起来反抗的，但是反抗了宦官，外戚得权；制止了一家外戚，又兴起了一批宦官。

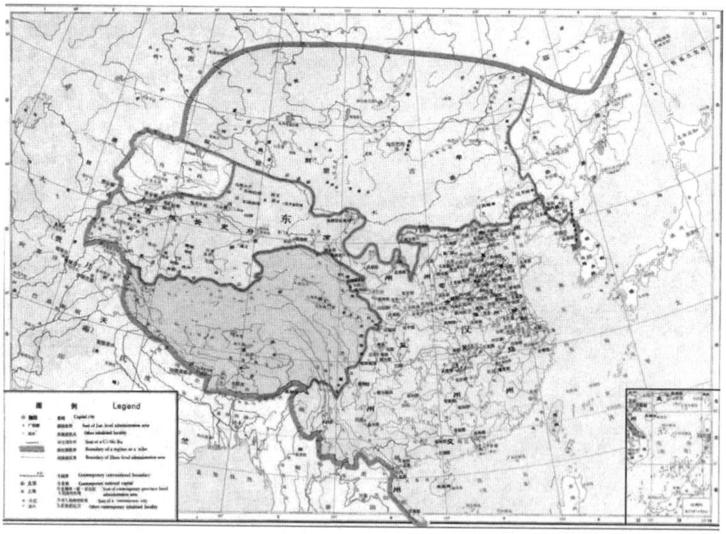

东汉时期的中国

汉献帝沦为傀儡皇帝要从他的父皇昏君汉灵帝说起。汉灵帝在历史上是有名的昏君，他整日荒淫无度，贪婪无比，并且不分是非，混淆黑白，将大批奸臣聚集在朝中，导致他们玩弄权术。这些官僚无能也无心治理国家，各自只顾着自己聚敛钱财，最终让人民穷困潦倒，怨声载道。

汉灵帝末年，爆发了著名的黄巾起义，这让东汉政权摇摇欲坠，整个王朝衰败的局势已经无法挽回。汉献帝就是在这样一个历史背景下由权臣董卓拥立登上帝位的，当时他年幼，纵然他再不愿意做这个傀儡，也没有办法挽回当时的局面，只好任人摆布，苟且偷生。

汉献帝一生的命运非常坎坷，他的母亲只是汉灵帝时的一个美人，美人是汉朝后宫对妃子的一种称呼，

汉代纹饰

也就是一个职位吧。他的母亲姓王，人称王美人，她当时怀孕时，心里非常害怕，按道理来说，她怀了龙种，应该高兴，但是当时后宫的斗争非常激烈，害怕被当时的皇后陷害，想打掉这个孩子，所以服用了打胎药。可是，奇怪的是，这个药没有奏效，后来灵帝知道了她怀了龙种，这事也就作罢。

刘协来到人世，就感受了后宫的争斗。当时的皇后知道王美人怀孕后，醋劲大发，毒死了王美人。刘协当时尚未满月，就失去了母亲，他后来由祖母抚养。刘协从小举止高贵，在所有皇子中最有皇家风范，因此，汉灵帝很喜爱他。而何皇后的儿子叫刘辨，举止则轻浮粗俗，但刘辨是皇长子，这让灵帝在确立太子时非常犹豫。没过多久，汉灵帝突然病死了，刘辨在舅舅的拥护下被立为少帝，刘协被封为陈留王。

历史往往就是这样，在平定黄巾起义的时候，董卓的势力慢慢得到培养，在与当时宦官的争斗中，董卓获得了胜利，控制了京师的政治局势，他为了确立自己的位置，封自己为大司空，为了立一个能听从自己的皇帝，就废掉了当时的少帝，改立陈留王做傀儡皇帝，从此，年仅九岁的刘协开始了他痛苦的政治命运。汉献帝在董卓的威胁之下，加上他年纪又小，每天胆战心惊，成了一个名副其实的傀儡。

各地的地主豪强，知道这件事后，纷纷举兵讨伐董卓这个大奸相，其实他们各自都有各自的目的，但他们还是共同推举了袁绍为盟主，围攻洛阳。董卓迫于局势，挟持着汉献帝，迁都到了长安。汉献帝无时无刻不想着要摆脱董卓对自己的控制，他非常希望借助军阀势力来消灭董卓，可是当时的局面是谁也不会听他的，各自都抱着各自的目的。公元192年，司徒王允和中郎将吕布密谋刺杀了董卓，朝中大权被这两个人控制，吕布是个匹夫，实际上大权到了王允一个人的手里。

王允是个狭隘多疑的人，在朝廷当中树敌颇多，后来被大家诛杀，这个汉献帝几易人手。最后，曹操抢先占领了洛阳，牢牢控制住了汉献帝。他吸取了其他人的失败经验，“挟天子以令诸侯”，把皇宫侍卫都换成了曹氏党羽，汉献帝与自己的臣子们被隔绝起来，凡是忠于汉室江山的朝臣都被以各种名义诛杀，他还大力拉拢自己的势力，实际上，当时的汉朝朝廷已经成了曹操的朝廷，只是为了不成为众矢之的，自己没有坐到那个位置上。

汉献帝的皇后姓伏，是伏完的女儿，也有一些势力。皇后看曹操对汉献帝百般操纵，感到汉室江山已经危在旦夕，如果再不采取行动的话，估计汉朝的江山就要完了，于是她偷偷地给自己的父亲写了一封信，让父亲联合一些人来推翻曹操。可伏完非常明白，自己的势力根本不能与曹操抗衡。可怜的是这样一封或许不会有任何作用的信，也被曹操安插的眼线知道了，曹操大怒，就代替汉献帝写好诏书，要汉献帝废后，又派御史大夫去捉拿皇后。伏皇后从宫中被拖了出来，她披头散发，赤裸双脚，凄惨无比。她请求汉献帝说：“你是一国之君啊，就不能给我求个情，放我一条生路吗？”可曹操根本就不理睬她的哀求。最后，伏皇后被幽禁而死，她的两个皇子也被毒死。汉献帝一个堂堂男儿，眼睁睁地看着自己妻离子散，一点都没有反抗，更何况他当时的身份还是皇帝，由此就可以看出，他当时被人控制到什么地步。

公元220年，曹操因病去世，他的儿子曹丕逼迫汉献帝让位给自己。曹丕为了羞辱这个汉朝最后的一位皇帝，还居然封汉献帝为山阳王，并让他磕头谢恩。汉朝几百年的江山也就在刘协这一磕中退出了历史舞台。他又这样痛苦地活了十四年，最后抑郁而终。

点 评

在硝烟与战火之中，东汉从一片废墟中站了起来。

东汉是汉朝历史也是中国历史比较重要的一个时期，这个时期为之后的三国鼎立埋下了种子。

东汉的建立是由中国历史上第二次农民起义而来的，起义的农民最终没有坐上统治者的位置，而被这些刘家子孙谋取了胜利的果实，这就是封建社会最主要的特征。打仗的都是农民和穷人，而得天下的都是一些贵族和地主。

东汉在又一次农民战争——黄巾起义中走向了没落，因农民战争起，又因农民战争落，这或许就是天意。东汉经历了一个光武中兴之后，在政治上就没有更大的建树。最后几位皇帝的统治不力和庸碌无能最终也让自己吃到了苦果。虽然起义被镇压，但是东汉末年，各个地方，包括中央的大臣都失去了向心力，都在为自己谋求更大的发展。

相关链接

光武帝刘秀小传

刘秀(前 6—公元 57)，他就是汉光武帝，东汉的开国皇帝。公元 25—57 年在位，字文叔，南阳蔡阳(今湖北枣阳西南)人。西汉时期的皇族，刘邦的后裔。公元 22 年，刘秀与兄刘绩为恢复刘姓统治，组织人民起兵反抗王莽的残暴统治。公元 23 年，于昆阳一战中歼灭王莽主力。后来刘秀被派往河北地区，河北地区的豪强地主知道刘秀的背景，纷纷率宗族、宾客、子弟先后归附他，成为他当时的有力支柱。在地主豪强支持下，公元 25 年 6 月，在部(今河北柏乡)称帝，年号建武。不久定都洛阳，史称东汉。建武三年，刘秀镇压赤眉军，经过十二年的时间，终于实现了全国统一。

刘秀鉴于西汉灭亡的教训，对功臣封以高爵位，但却不让他们掌握权力，对诸侯王和外戚，严加防范；削弱三公权力；设立刺史，巩固地方政权的统治。他还加强中央对众多郡县的统一管理，裁减地方军队。他九次下令，释放奴婢和禁止虐杀奴隶，以保证劳动力，发展经济。他还采取了一系列的措施，稳定社会，巩固经济，使东汉初年达到了政治稳定、经济发展的良好局面。

刘秀于建武中元二年(57)病卒，葬于原陵(今河南孟津)，庙号世祖，谥光武皇帝。年号有建武、建武中元。

每一个朝代的文化成就都会纳入这个朝代重要的贡献之中。

附录　汉王朝的文化成就

汉王朝的文化发展在中国历史上的地位十分突出。它开创了很多个第一：它第一次系统地整理出客观真实的历史典籍；有了人类历史上第一张纸；第一次有了关于地震的记录；第一次把佛教引入中国……

一、蔡伦发明造纸术

在我国乃至世界的历史上，书写材料的不恰当和匮乏在很长一段时间内，一直是制约文化发展的一个瓶颈。汉朝之前的很多历史没有记载下来的原因也和记录的工具不太方便有关系。

以我国为例，我们的老祖宗们，先后试过在龟甲、兽骨、青铜、竹简、木简和绢帛等材料上写字。比如我们发现最早的文字，就是刻在龟甲和兽骨上的，所以又称“甲骨文”。后来经济得到了发展，有了青铜器，就在青铜器上刻字，希望永久保存，流传后世。到了后来，人们把字写在竹简或者木简上。秦始皇每次批阅奏折时，都要让两个甚至更多的宫人来抬，后来宫廷内部又用绢帛写字，很轻便，但是却不容易保存，尤其是绢帛造价比较昂贵，寻常百姓家用不起，只能供少数达官贵人使用，不能从整个社会来促进文化的发展。于是，发明一种既经济又实用，让普通百姓也用得起的新型书写材料，就成为了整个社会发展的迫切需要。

蔡伦，字敬仲，是东汉桂阳人。桂阳，就是湖南郴州。蔡伦自幼家境贫寒，为了糊口，他只得进宫当了太监。他从小就喜欢发明创造，进宫后，与当时宦官专权的大背景不同，他为人正直，敢于向皇帝说一些刺耳的建议，很得汉和帝的信任。蔡伦在宫内的日子里，曾负责皇家手工作坊的工作，这为他日后发明新的书写材料——纸，提供了方便的试验场所。他看到写字用的简牍太笨重，绢帛又太昂贵，而当时已有的麻纸又不适宜写字，就下决心一定要造出一种既便宜又便于写字的纸来。

蔡伦为了实现这个理想，先仔细研究了前人造纸的经验。经了解，他知道了制造麻纸的原理就是把麻的纤维捣烂，然后再压成薄片。因为工艺很简单，造出来的纸也就很粗糙。蔡伦认为，只要把造纸的工艺做得更加精细点，造出来的纸有可能就便于书写了。于是他开始着手实验，他先把麻捣得很烂，几乎成了浆状的，然后压成的纸果然很薄。但是这样做出来的纸里面还是有一些纤维，仍然不适合写字，并且麻当时也是一种比较昂贵的材料。

蔡伦雕像

但这已经让蔡伦看到了希望，他总结麻能造纸的经验，得出是因为麻有纤维，那么破布、破渔网、树皮等不值钱的东西，也都含有纤维，是不是也能用来造纸呢？之后，他就为他这个大胆的想法做起了实验，他把破布、破渔网、树皮、麻头等东西收集起来，先在水里浸泡，洗去污垢，然后再捣烂成浆，压成片，也同样做成了纸。这样虽然降低了成本，但还是太粗糙，不适宜写字。经过一番努力和不断改进，蔡伦终于造出了第一张纸。

这时候是汉和帝元兴元年(105)。蔡伦把自己改进造纸术的经过和成果上奏汉和帝。汉和帝听了很高兴，叫蔡伦继续改进造纸的方法，扩大造纸的规模，造出更多更好的纸来。蔡伦没有辜负皇帝的信任，经过他的改进后，造出来的纸光滑而又适合写字。后来为了表彰他的功劳，将他封为龙亭侯。后来人们就把蔡伦造的纸叫作“蔡侯纸”。

在蔡伦的启发下，之后各个地方的人，都能依据当地所有的东西来造纸，为文化的传播和发展做出了巨大贡献。这不但促进文房四宝中其他几样的改进，还为我国早期的书法家提供了可以书写的载体，东汉以后，有成就的书法家和画家更多了。

蔡伦发明的造纸术，不仅对我国古代的文化发展和重要文件的保存起到了重要的作用，更对世界科学文化的发展和传播产生了重大的影响。

公元 6 世纪时，造纸术先传入东边的邻国朝鲜，再由朝鲜传到了日本。公元 751 年又向西传入阿拉伯地区，后来，阿拉伯人把造纸术传到欧洲。这样，全世界的人都分享了蔡伦的这一发明。

造纸术的诞生，改变了人类书写材料的历史，就是在今天，人们依然使用它作为书写的主要载体，造纸术的价值不可估量。造纸术的诞生，不仅是蔡伦个人勤奋努力的结果，更是中华民族集体智慧的结晶。他作为造纸术的主要发明者，将永远被历史铭记。

二、司马迁写《史记》

司马迁是西汉时期夏阳人，因为直言评价汉武帝而遭受宫刑，后来忍辱负重，写成了流芳百世的史家巨著——《史记》。

司马迁（前 145—前 90），字子长，夏阳（今陕西韩城）人。他十岁开始在父亲司马谈的指导下读书，学习十分认真，遇到疑难问题，总是反复思考，经常提一些大人们也回答不了的问题。他二十岁那年，司马迁为了更多地了解老百姓的生活，从长安出发，到各地游历。回到长安后，他做了郎中。郎中的主要职责是守卫宫殿的门户，管理宫中的车马，经常随从皇帝出行。他多次同汉武帝出外巡游，三十五岁那年，汉武帝派他出使云南、四川、贵州等地，使得他深入了解了那里少数民族的风土人情。

司马迁墓风景

他父亲司马谈死后，公元前 108 年（元封三年），司马迁接替父亲做了太史令，太史令是掌管国家历史记载的官吏。公元前 104 年（太初元年），他与天文学家唐都等人共同制定了在当时比较先进和科学的“太初历”。他从小就有编写历史的志向，就在“太初历”制定完毕的那一年，开始动手编写《史记》。公元前99年（天汉二年），李陵带兵出征匈奴，他是李广的孙子，武艺高强，继承了爷爷骑射的本领，他爱兵如子，深受汉武帝的器重，被封为都尉。

司马迁祠

李陵率领五千精兵良将策应主帅抗击匈奴。李陵挥师南还时，不幸与三万多匈奴骑兵相遇，一路围堵，李陵率部浴血奋战，最终因寡不敌众，兵败匈奴。匈奴见他是个能征善战的将领，就劝他投降，他觉得兵败，没有脸面再见皇帝，无奈之中投降。后来在朝议中，司马迁为李陵开脱，触怒了汉武帝，被直接打入了监牢。他按照汉朝法令的规定出钱赎罪，受了“腐刑”。公元前96年（太始元年）获赦出狱，做了中书令，掌握皇帝的机要文书。

他忍受着最为难以忍受的心理煎熬，为了完成自己和父亲的夙愿，他发愤著书，全力写作《史记》，大约在五十五岁那年最终完成了全书的撰写和修改工作。

当《史记》写完之后，汉武帝怕他在里面说自己坏话，命人把《史记》搬到自己的寝宫查阅。由于里面真实地写了很多关于汉武帝的事情，并且客观地评价了他的功过是非，让他勃然大怒。汉武帝把司马迁招到宫中，一顿训斥，令他重写里面有关评价自己的事，但司马迁拒绝了。他对于自己如实记录历史的做法没有一点更改之意，并且说："自己写《史记》不是为了给统治者看，而是为了给后人看！"一气之下，汉武帝说如果你不修改，我就让你的书永远见不到天日，一把火把它烧了。但司马迁的态度很冷静，说："书我已经写完了，陛下怎么处理，是陛下的事，我的愿望已经完成，至于后人能不能看到，全看陛下怎么处理。"对于他这种死也不肯低头的人，汉武帝没有办法。据说，汉武帝年老之后下诏自谴，和这次谈话有重要的关系。

司马迁作为史官，在当时的封建统治下，坚持真理，客观记述史实的精神，至今令我们佩服。司马迁没有虚伪地为统治者歌功颂德，而是如实地记录并且评价了统治者的功过是非。对汉武帝的缺点，他也是毫不客气地加以指出。除《史记》外，司马迁还作赋八篇，均已散失，惟《艺文类聚》卷三十引征《悲士不遇赋》的片段留传下来。

三、班氏家族写《汉书》

在汉朝时期，除了司马迁写的《史记》以外，还有另外一本史书也非常出名，它就是由班氏家族写的《汉书》。

由于《史记》是由司马迁所写，而他在汉武帝末年去世，所以这部书的纪事截至汉武帝太初年间。

当时著名的史学家班彪一直想续写西汉的历史，为此还通过很多途径收集了很多前朝逸事和档案资料。后来，他经过整理，写出了《史记后传》六十五篇，续补了西汉从汉武帝开始到以后所缺少的部分，这就是《汉书》的前身。班彪去世后，由长子班固继承了父亲的遗志，在《史记后传》的基础上，继续编写，也就是现在的《汉书》。

班固（32—92），他是东汉的历史学家和文学家，扶风安陵（今陕西咸阳东北）人。他从小就很聪明，在父亲的调教下，文采出众，他的贡献除了写《汉书》以外，也为汉赋的发展做出了很大努力。经过二十余年的精心编写，班固完成了《汉书》的主要部分，使《汉书》初步成形。但是在公元92年，班固因为受统治阶级内部政治斗争的牵连，被捕入狱，最后在狱中自杀而死。这样，班氏父子花费几十年心血编纂的《汉书》，尚有《八表》和《天文志》等未能写完，就这样一部不完整的《汉书》还面临着无人管理可能遗失的危险。

班超是班固的弟弟，虽然在编写《汉书》上没有直接出力，但是他从小就立下了建功立业、报效国家的理想。他勤奋好学，思路敏捷，口才出众，并且敢作敢当。在班固入狱之后，他为了替哥哥辩明冤屈，向汉明帝说明班固写《汉书》的目的是颂扬汉德，希望能因此释放哥哥，但还没来得及处理，他的哥哥就被奸臣迫害，在狱中自杀了。正是由于这次求情，给当时的皇帝汉明帝留下了深刻印象，将班超召进京城做了兰台令史。班家是书香门第，从小班超就练就一手好字。当时他已经是博览群书、胸怀韬略、小有名气的史学家，但他为了报效朝廷，毅然投笔从戎，没有继续编写班家的《汉书》。

班家兄弟还有一个妹妹，名字叫班昭(49—约 120)，名姬，字惠班。她十四岁的时候，嫁给了同乡曹世叔，所以也被后人称为“曹大家”。她家世代都是文人，自己的父亲和哥哥又是当时著名的历史学家，她在这样的家庭中成长，也深深受到了家庭的熏陶，她从小就随父兄学习，加上自身的聪颖努力，使她也成为了一个博学广识的学者，对儒家经典和各种史籍都耳熟能详，在年纪轻轻之时就积累了大量的历史、天文和地理等多方面的丰富知识。

班昭的丈夫曹世叔在和班昭结婚后不久就去世了，她十几岁就做了寡妇。由于她从小受到良好的教育，非常懂得法度，当时在位的皇帝汉和帝也听说她才学过人，就把她召入宫中，专门教授皇后和后宫的嫔妃们各种礼仪。

班昭可以说是中国古代女子的骄傲，她的一生在很多领域都有所贡献。但是，她对祖国文化事业最突出的贡献，就是整理并续写完成了班家留下的重要史学巨著——《汉书》。

由于班固意外入狱，并自杀身亡，《汉书》的著述就功亏一篑了。汉和帝听到班固的弟弟班超的请求之后，也意识到这样一本有价值的书就此搁浅非常可惜，他很想再物色一个有才学的人来继续编写《汉书》，但究竟由谁来担任这个重要的职务呢？他想来想去，想到了只有班固的妹妹班昭能担当此任，于是就下诏宣班昭到东汉当时的国家图书馆——东观藏书阁，继续完成《汉书》的写作。这是一本比较重要的典籍，他们还担心班昭不敢担任这么重要的职务而逃避，但没想到班昭毫不犹豫地就接受了这个使命，毅然担起整理、续写《汉书》的重任。她把《汉书》缺少的《八表》补上，又在著名天文学家马续的协助下，写出《天文志》。经过几年的努力，最后终于把我国第一部断代史《汉书》编撰完成。

《汉书》完成后，在当时的社会上得到了很多好评，但是因为书中是用古字书写完成，里面很多内容比较难懂，学识一般的人不太容易理解。之后，班昭为了让这本书更加广泛地在民间流传，又花费了大量的精力，亲自向学者们传授《汉书》的内容，当时奉诏跟随她学习的人很多，其中也有后来成为东汉经学大师的马融。

班昭是我国第一位有著述的女学者。她的卓越贡献让当时的朝廷非常器重，由于女子不能受封为侯的原因，朝廷把她的儿子曹成为封为关内侯，官职一直做到了齐国的丞相。在妇女受歧视、受压迫的封建社会里，班昭能有如此的才学，并续写如此重要的历史著作，实在可称得上封建社会女性的骄傲。

四、张衡发明地动仪

东汉时期，迷信思想盛行。那时候经常有地震发生，公元92年以后，几乎连年地震，地震波及范围最广的时候有数十郡之多。有些地区发生地裂、地陷、山崩、水涌等自然现象。但当时科学不发达，人们迷信思想严重，有些人就借机宣扬这是上天对皇帝的警告，对百姓的惩罚，这些思想起到了很大的蛊惑作用。

张衡像

张衡，字平子，东汉时期西鄂人，幼年家境贫寒，靠亲戚们的帮助艰难度日。这种艰苦的环境，不仅使张衡了解了劳动人民的生活疾苦，还促使他立下了发愤读书的志向。十七岁那年，他离开家乡，先后到了长安和洛阳，在太学里用功读书。他喜欢文学，特别爱好数学和天文学。他十八岁到洛阳进了太学以后，熟读了四书五经，成为学识丰富的青年学者。

张衡的学问很快就超过了其他人，可是他一点儿也不骄傲，仍然十分虚心地学习别人的长处，进一步丰富自己的学识。他对机械、天文、历法、数学等自然科学很感兴趣。他为了解决一个难题，制造一种仪器，常常可以一连几天不间断地工作，直到做成功为止，正是这种精神，让他攻克了一个又一个的难题。据说张衡用木头制造过一只会飞的鸟，这只木鸟能在天空中盘旋翱翔，只要它的翅膀一下垂，就会乖乖地飞回到原来出发的地方。可惜的是制造飞鸟的方法并没有流传下来。不然，第一个制造出飞机的就有可能不是外国人了。

朝廷听说张衡很有学问，召他到京里做官，先是任郎中，后来，担任了太史令，负责观察天文。这个工作正好符合他的研究兴趣。他做了太史令以后，为了方便工作，制造了一个叫作浑象的仪器，这个仪器是一种天文仪器，是观察星象、确定节气和了解其他天文现象用的。这种仪器里面有一根铁轴贯穿球心，球放在架子上倾斜的方向，正好是地球自转轴的方向。铜球表面刻有各种重要的星宿和刻度，代表天空中的星座和天象运行的情况。这个浑象和一个动力装置连接在一起，一天转一周，其实也就是地球的自转，这样能准确地反映出天象运行的情况。浑象制造成功以后，张衡坐在仪器前面说，现在某一颗星星正在从东方升起，某一颗星星已经开始从西方降落。人们刚开始不信，跑到屋外去看天空，发现天象和张衡说的基本一样。

东汉时期，我国各地常常发生地震。古代的人大都迷信鬼神，一发生地震，人们就以为这是鬼神在显灵，害怕得不得了。有些人就乘机宣传这是上天对当今朝廷的不满，准备发动人民叛乱。张衡为了破除这种迷信，经过仔细的研究和对地震现象的记录，发明了一个测报地震的仪器，叫作“地动仪”。

地动仪用精铜铸成，直径八尺，很像一个大酒坛，顶上有个凸起的盖子，可以打开，仪器内部竖着一根铜柱，周围有八个杠杆连接外面。外面是八条龙，分别对着八个不同的方向。每个龙

张衡发明的地动仪

头的嘴里都衔着一个铜球。什么地方发生了地震，中间的立柱就倒向震区所在的方向，触动那个方向的杠杆，那个方向龙嘴里的球就会掉下来。这样就能知道什么方向发生了地震，以便及时报告上司，赶快派人去了解情况。

张衡制造的地动仪准确度很高。公元 138 年 2 月的一天，地动仪朝西的龙嘴吐出铜球，但是洛阳一点也没有地震的感觉，因此，大伙议论纷纷，开始怀疑张衡的地动仪不准确。过了几天，

陇西方面飞马来报，离洛阳一千多里的金城、陇西一带发生了大地震。大伙儿这才信服了。

张衡的地动仪发明一千七百多年以后，欧洲才有了自己的地动仪。这个发明是人类历史上第一次，也是最早一次运用科学的手段观测地震，为人类科学掀开了新的篇章。

五、佛教传入中国

关于佛教是什么时候传入中国的，有很多争论。但根据史书的记载，最早是在东汉时期。佛教的传入和当时一个皇帝的梦有很大的关系。

汉光武帝去世之后，汉明帝继承了皇位，他就是刘庄。据说，有一天夜里，刘庄做了一个梦，他梦见一个浑身上下都闪耀着光芒的金人从天而降，飞到了大殿之前，绕着殿飞行了几圈，忽然就升到天空，往西去了。梦中的汉明帝见到这个金人，心中非常高兴，居然笑醒了。当时的人们都比较迷信，认为梦中的事情都有一定的意义。第二天上朝以后，汉明帝迫不及待地把夜里梦见的景象说给众大臣听，让他们给自己解梦，说说这个金人

汉朝佛像

到底是谁，这个时候出现代表什么意思？

当时朝中有个大臣叫傅毅，他博学多才，是当时的一个才子。听到了皇帝的描述之后，他上前禀报："陛下，臣曾听说天竺(今印度境内)有一个神仙，被人们称为佛，身体轻巧，传说能在天空中自由翱翔，陛下梦中所见的，可能就是金身的佛吧。"汉明帝听说后，感觉竟然真有这事，就连忙追问道："天竺在什么地方，离汉朝有多远。"傅毅回答说："天竺在汉朝以西，传说有几千里的路程。"傅毅所说的天竺，就是佛教的发源地，是佛教创始人释迦牟尼出生的地方。释迦牟尼大约出生在公元前565年，原是个王子，传说他在二十九岁那年，抛弃了王族的舒适生活，出家修道，后创立了一个宗教，叫作佛教。

佛教最重要的理论根基是因果报应的"轮回"学说。根据佛教的说法，凡是有生命的东西，总是像一个车轮一样在那里不断地转动着。从生到死，就像车轮子转了一圈。紧接着死的就是来世的生。有了生，就又有死，从生到死，就又转了一圈。他前世是人，但到了来世不一定还能做人。他的前世可能是神，但是由于不修行，这一世就被罚做人了。也可能他的前世是牛马等牲畜，因为修行了，让他这一世升级做人。

汉朝的使者到了天竺后，受到了热烈的欢迎，天竺国上上下下都对这些来自中原地区的汉朝客人非常友好，他们找专门的人来传授他们佛教的一些知识。不仅这样，他们还派高僧到汉朝来传授佛法，并且带来了很多佛教的经文。

虽然汉明帝并不懂佛经，对佛教的基本道理也不是很清楚，但是对前来送经的两位高僧却是非常尊敬。第二年，他命令在洛阳城的东边按照天竺寺院的式样，建立中国的第一座寺院，并且建立一座佛塔以示纪念。因为当时把送经书的白马也供养在了那里，所以这座寺就叫白马寺(在今洛阳市东)。

佛教传入中国以后，一些王公贵族首先信仰佛教。他们吃素念佛，希望来世能够到西方极乐世界去做神仙。汉光武帝的儿子刘英就是个佛教徒。虽然佛教发源于天竺，但是佛教是在中国发扬光大的。

自从汉明帝派人去天竺取经求佛以来，佛教就在中国大地上广泛地传播开来。因为佛教起源于印度，有些教义跟中国的传统思想和风俗习惯相差太大，所以后来，有些佛教徒和皇朝的统治者就对佛教进行了改造，把中国道家的黄老思想和儒家的孔孟之道与佛教融合在一起，把它变成了既符合中国的风俗习惯，又有利于巩固封建专制统治的一种中国式的佛教。

点 评

汉朝的重要作用，一个主要方面就是体现在文化的发展上。

汉朝是一个人才辈出的时期，除了前面介绍的人以外，还有神医华佗，历史学家班固、班超，以及王充等人。他们把汉朝的文化推到了一个新的高度。

汉朝初年，道家思想起到了指导思想的作用，也正是因为这样，才有了汉朝初年的“休养生息”政策，后来到汉武帝之后，儒家学派慢慢占据了主导地位，后来又几经反复。

对中国影响较深远的佛教文化也是在这个时候流传到中国的，正是由于当时政策的开放，让很多外来的东西传入了中国，也让中国的很多文化流传到了外国，在这样一个文化与文化的碰撞过程中，既有争议，也有发展。

相关链接

张衡小传

张衡(78—139)，东汉科学家、天文学家、哲学家，字平子。南阳西鄂（今河南省南阳县石桥镇)人。少游西京长安和东京洛阳，“通五经”、“贯六艺”，永初五年(111)赴京都任郎中和尚书侍郎。自元初二年(115)至永建初，两次为太史令。晚年曾任河间相、尚书等职。

张衡精通天文、历算，在地震学、机械制造、绘画等方面均有很高造诣。在前人研究的基础上，他发明了世界上最早的水力转动的浑天仪和测定地震的候风地动仪。在天文学理论方面，张衡是“浑天派”的主要代表。

关于天地之起源，张衡认为天地未分之前，乃是一片混沌景象。既分之后，轻者上升为天，重者凝聚为地，阴阳相荡，产生万物。他还第一次正确地解释了月食是由于月球进入地影而产生的。他依据当时的天文学知识，肯定了宇宙的物质性和无限性。

张衡把中国古代自然科学和哲学推向了一个新的高度，其著作收集在清朝严可均所编的《全上古三代秦汉三国六朝文》中。

神医华佗小传

华佗(?—208)，中国东汉临床医学家。一名旉，字元化。沛国谯(今安徽亳州)人。活动于公元2—3世纪。早年游学于徐州一带。因为他兼通数经，通晓养生术，沛国相陈珪和太尉黄琬先后荐举或征召他出来做官，都被他拒绝。华佗一生主要在今安徽、江苏、山东、河南一带行医。汉丞相曹操患头风病久治不愈，华佗以针刺法治疗，立见成效，因此曹操想留他做侍医，华佗不愿从命，托辞回家不返，后被曹操杀害。

华佗医术高超、全面，通晓内、外、妇、针灸各科。《三国志》上载有华佗治疗的二十多个病例，包括传染病、寄生虫病、妇产科病、小儿科病、皮肤病、内科病等等。华佗尤长于外科，他炮制了麻沸散，施行全身麻醉下的手术治疗。他还长于养生，发明了"五禽戏"，模仿动物动作进行医疗体育锻炼。

华佗生平著作多种，均已亡失，今传《中藏经》、《华佗神医秘传》等，皆为后世托名之作。华佗弟子中有名可考的有吴普、樊阿、李当之等，吴普著有《吴普本草》，李当之著有《李当之药录》，樊阿善针灸及养生，他服用华佗所传的长寿方——漆叶青黏散，活到一百多岁。

六、汉朝历代皇帝年表

西汉（前 206—公元 25）

帝位(姓 名)	年号(在位时间)	继位时间
高祖(刘 邦)	(12)	前 206
惠帝(～ 盈)	(7)	前 194
高后(吕 雉)	(8)	前 187
文帝(刘 恒)	(16)	前 179
	(后元)(7)	前 163
景帝(～ 启)	(7)	前 156
	(中元)(6)	前 149
	(后元)(3)	前 143
武帝(～ 彻)	建元(6)	前 140
	元光(6)	前 134
	元朔(6)	前 128
	元狩(6)	前 122
	元鼎(6)	前 116
	元封(6)	前 110
	太初(4)	前 104

	天汉(4)	前 100
	太始(4)	前 96
	征和(4)	前 92
	后元(2)	前 88
昭帝(～弗陵)	始元(7)	前 86
	元凤(6)	前 80
	元平(1)	前 74
宣帝(～ 询)	本始(4)	前 73
	地节(4)	前 69
	元康(5)	前 65
	神爵(4)	前 61
	五凤(4)	前 57
	甘露(4)	前 53
	黄龙(1)	前 49
元帝(～ 奭)	初元(5)	前 48
	永光(5)	前 43
	建昭(5)	前 38
	竟宁(1)	前 33
成帝(～ 骜)	建始(4)	前 32
	河平(4)	前 28
	阳朔(4)	前 24
	鸿嘉(4)	前 20
	永始(4)	前 16
	元延(4)	前 12
	绥和(2)	前 8
哀帝(～ 欣)	建平(4)	前 6

	元寿(2)	前 2
平帝(刘 衎)	元始（5）	公元 1
孺子婴(王莽摄政)	居摄（3）	6
	初始（1）	8
[新]王 莽	始建国（5）	9
	天凤（6）	14
	地皇（4）	20
更始帝(刘 玄)	更始（3）	23

东汉（25—220）

帝位(姓 名)	年号(在位时间)	继位时间
光武帝(刘 秀)	建武(32)	25
	建武中元(2)	56
明帝(～ 庄)	永平(18)	58
章帝(～ 炟)	建初(9)	76
	元和(4)	84
	章和(2)	87
和帝(～ 肇)	永元(17)	89
	元兴(1)	105
殇帝(～ 隆)	延平(1)	106
安帝(～ 祜)	永初(7)	107
	元初(7)	114
	永宁(2)	120
	建光(2)	121

	延光(4)	122
顺帝(刘 保)	永建(7)	126
	阳嘉(4)	132
	永和(6)	136
	汉安(3)	142
	建康(1)	144
冲帝(~ 炳)	永熹(嘉)(1)	145
质帝(~ 缵)	本初(1)	146
桓帝(~ 志)	建和(3)	147
	和平(1)	150
	元嘉(3)	151
	永兴(2)	153
	永寿(4)	155
	延熹(10)	158
	永康(1)	167
灵帝(~ 宏)	建宁(5)	168
	熹平(7)	172
	光和(7)	178
	中平(6)	184
献帝(~ 协)	初平(4)	190
	兴平(2)	194
	建安(25)	196
	延康(1)	220